그림으로 **아이**의 마음을 읽는

미술치료놀이

Art Terapy Ativities
by Stack, Pamela J.

Copyright ⓒ2006~2016 by Stack, Pamela J.
First published by Charles C Thomas Publisher, LTD., Illinois, 2006~2016
All rights reserved.

그림으로 **아이**의 마음을 읽는

미술치료놀이

| 패밀라 J. 스택 지음 · 아트앤마인드 옮김 |

BM 성안당

그림으로 **아이**의 마음을 읽는
미술치료**놀이**

2007. 6. 29. 1판 1쇄 발행
2016. 3. 24. 2판 1쇄 발행

지은이 │ 패밀라 J. 스택
옮긴이 │ 아트앤마인드
펴낸이 │ 이종춘
펴낸곳 │ BM 주식회사 성안당
주소 │ 04032 서울시 마포구 양화로 127 첨단빌딩 5층(출판기획 R&D 센터)
　　　 10881 경기도 파주시 문발로 112(제작 및 물류)
전화 │ 02) 3142-0036
　　　 031) 950-6300
팩스 │ 031) 955-0510
등록 │ 1973.2.1 제406-2005-000046호
출판사 홈페이지 │ **www.cyber.co.kr**
ISBN │ 978-89-315-7925-3 (03180)
정가 │ **12,000원**

이 책을 만든 사람들
책임 │ 최옥현
진행 │ 정지현
표지 디자인 │ 박현정
본문 디자인 │ 디자인 빛깔
홍보 │ 전지혜
국제부 │ 이선민, 조혜란, 김해영, 김필호
마케팅 │ 구본철, 차정욱, 나진호, 이동후, 강호묵
제작 │ 김유석

이 책의 목적은 미술을 통해 아이들의 창조적인 표현을 촉진하고 발전시키고 격려하는 데 있습니다.

창조적인 표현은 우리 마음을 도와 줍니다!

- 현재 느끼고 있는 감정을 인지하고 표출하도록
- 감정과 사고, 행동을 통찰하고 이해하도록
- 신체 감각을 충분히 느끼고 경험하도록
- 마음이 편안해지도록
- 신체적 활동으로 긴장을 해소하도록
- 선택과 결정을 주체적으로 할 수 있도록
- 목표를 설정하고 새로운 방법들을 시도하도록
- 잠재력을 깨닫고 발휘할 수 있도록
- 방해물과 부정적인 행동양식 등 문제점을 창조적으로 다룰 수 있도록
- 창의적인 생각과 개념, 매체(색, 이미지, 상징)를 즐길 수 있도록
- 다른 사람뿐 아니라 자신과의 관계를 풍부하게 하도록
- 인식을 넓힐 수 있도록
- 자신과 타인에 대한 수용과 이해를 돕도록
- 변화와 성장의 기회를 증가시키도록

이 책을 아이들의 창의적 아이디어를 높이기 위한 도약점으로 사용해보세요. 언제든지 새로운 생각이나 이미지가 떠오르면 책 안에 메모해 놓아도 좋습니다. 상상력을 발휘해 여러 가지를 적용하고 응용해보세요. 이 책에 수록한 여러 가지 재료와 생각들 그리고 미술 작업과 유머를 최대한 즐겨보시길 바랍니다.

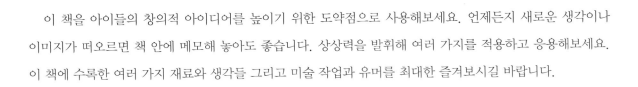

감사의 글

나에게 항상 영감을 주는 모든 학생들과 긍정적인 반응을 해주는 부모님들에게 감사드립니다.

격려와 사랑을 아끼지 않았던 나의 가족과 친구들, 고마워요.

나에게 처음으로 아트테라피를 알려준, 세상에서 가장 친한 벗 로빈 어넬에게 고마움을 전합니다.

나에게 항상 많은 것을 나누어 주시고 알려 주시는 나의 스승 로즈 플랫과 마지 굿윈에게 감사드립니다.

글을 쓰도록 지지해주고 편안하게 해주고, 바닥에 어질러 있던 원고들을 정리하고 타이핑해준

나의 진실한 사랑, 델로스 산토스, 고마워요.

이 책을 읽는 모든 분들께 감사한 마음입니다.

이 책이 여러분의 영감을 불러일으키는 데 도움이 되었으면 좋겠습니다.

나에게 다음과 같은 말을 해준 올리버 웬델 홀매스 주니어에게 감사합니다.

"난 사전을 잘 보지 않지만, 결국 사전도 고상한 어법으로 만들어진 누군가의 생각일 뿐이라는 걸 알았어요. 중요한 것은 누구나 자신의 의견을 이야기할 수 있다는 거예요. 그러니까 이제 나는 철자법 좀 틀리는 것에 신경 쓰지 않기로 했어요."

나의 졸업을 위해 행정적인 문제들을 관리해준 폴린 햄맨과 웬델 리버스에게도 감사합니다. 아트테라피 석사 프로그램을 제공해준 린덴 우드 대학에 감사합니다.

옮긴이의 말

　아이들은 마치 씨앗 같아서 자신에게 필요한 모든 것을 가지고 태어납니다. 적절한 토양과 햇볕 그리고 충분한 양분만 주어진다면 아이들은 스스로 아름다운 열매로 자라납니다. 그러나 아이들의 씨앗은 좋은 환경만 가지고는 조금 부족할지도 모르겠습니다. 어른들의 조급하고 틀에 박힌 시선으로는 아이들의 무한한 가능성과 독특한 창의성을 발견하기 어렵습니다. 어른들, 특히 부모님들이 아이들을 이해하는 도구란 '언어'와 '이성'이라는 오랜 교육의 결과로 몸에 배인 관습적인 것들입니다. 그러나 아직 언어가 발달하지 않은 아이들은 이성보다는 감성과 본능에 충실하기 마련입니다. 따라서 동심을 잃어버린 우리가 아이들에게 도움을 주기 위해, 그들의 세계로 건너가기 위해선 특별한 무언가가 필요합니다. '미술'은 바로 이런 점에서 어른과 아이들을 이어주는 징검다리가 될 수 있습니다.

　아이들에게 미술은 '본능'입니다. 아이들은 자신을 말로 표현하는 것보다 색이나 그림으로 표현하는 것에 익숙하고 즐거워합니다. 그리고 우리는 아이들이 그린 그림을 통해 아이들의 생각이나 욕구, 탐색 중인 과제, 해결할 문제 등을 발견할 수 있습니다. 좋아하는 무언가를 몰두해서 만들거나 그리는 과정은 아이들에게 있어 여러 가지 이유로 좌절된 자신의 씨앗을 마음껏 자라나게 하는 '치유의 시간'이 됩니다.

　아트테라피는 바로 미술의 이런 치유적인 힘을 이용해 아이들의 심리적인 어려움을 극복하도록 도와줍니다. 요즘 아이들은 자신의 잠재력을 발견하지 못하거나 타인과 환경을 이해하지 못하고, 부모와 사회의 기대에 따라 외부가 요구하는 대로 따라가고 있습니다. 그러기에 정서적으로 메마르게 되고 주어진 환경과 스트레스에 점점 약해집니다.

이 책은 아이들에게 미술이라는 창조적인 과정 안에서 자신과 타인 그리고 환경을 인식하는 기회를 제공할 것입니다. 굳이 미술 전문가가 아니라도 아이들에게 관심이 많은 부모님들과 선생님들이라면 이 책이 도움이 될 것입니다. 뿐만 아니라 이 책 속의 활동과 과제를 기반으로 창조적인 아이디어를 고무시키는 것도 좋습니다. 이 책은 아이들의 심리적인 성장에 필요한 '인식하기', '수용하기', '시도하기와 탐색하기'의 세 가지 큰 주제로 구성되어 있습니다. 그리고 다방면에 걸쳐 사용해볼 수 있는 여러 미술 활동의 아이디어도 설명하고 있습니다.

지금부터 아이들의 씨앗을 마음껏 자라나게 할 수 있는 창조적인 미술 활동의 세계로 건너와 보십시오. 단, 그림은 누구나 가지고 있는 본능에 의해 그리는 것이므로 꼭 잘 그려야 한다는 생각은 버리세요.

2007년 6월 아트앤마인드

아트테라피는 전문적이거나 어려운게 아니에요! 아이를 사랑하고 이해하려는 마음만 있으면 누구나 할 수 있어요.

아이를 사랑하는 부모님들과 선생님들! 이 책을 통해 아트테라피를 좀더 쉽게 이해하고 활용할 수 있으면 좋겠어요.♥

차례

비뚤 배뚤 그리고 싶은 그림을 그려보세요.

더 자세히 들여다보기 _ 그 밖에 도움이 되는 여러 가지   113

엄마 아빠와
그림 놀이 하면
무척 재미나요.

인식하기

인식하기가 뭐지?

인식하기란 . . .

- 마치 처음 본 것인 양 어떤 것을 자세히 보는 것
- 전에는 지나쳤던 작은 부분들을 보는 것
- 내 안의 나에게 물어보는 것

  "무엇을 느끼고 있니?"
- 내 몸에 집중하는 것

  무엇을 보는지

  무엇을 듣는지

  무슨 맛이 나는지

  무슨 냄새가 나는지

  무엇을 만지는지
- 충분히 체험할 시간을 가져보는 것

너는 과거를 추억하는 데 더 많은 시간을 보내니?

아니면 미래를 상상하는 데 더 많은 시간을 보내니?

현재는 지금 이 순간 네가 느끼고 경험하고 있는 모든 것이란다.

이미 지나간 과거도, 아직 오지 않은 미래도 아닌 살아 있는 현재에 충실하는 거야.

하던 것을 멈추고 서서히, 바로 지금 이 순간에 집중해 보자.

……두근두근…, 너의 심장 소리가 들리니?

명상에 잠겨보렴.

너의 감정, 감각, 생각, 직관, 경험들에 머물러보는 거야…….
우리는 왜 이렇게 행동하고 있을까?

경험과 감정이 서로 연결되어
인과관계를 가진다는 것을 알 수 있겠니?
어떤 음식을 먹으면 기분이 변화하는지
일기를 써보는 것도 좋은 방법이란다!
"사탕을 먹으니 우울한 기분이……."

인식하기 연습

지금 이 순간 너를 둘러싼 것들이 무엇인지 그리고 내가 어떻게 반응하는지 살펴보는 거야.

무엇이 보이지? 들리는 것은? 어떤 냄새가 나지? 무슨 맛이야? 느낌은?

지금 느껴지는 감정은 뭘까?

주변 환경이 너의 생각과 기분과 행동에 어떤 영향을 줄까?

너의 삶에 가장 중요한 것이 무엇인지 생각해보렴.

삶 속에서 네가 필요한 것과 원하는 것을 적을 수 있는 목록을 만들어봐!

네가 인식하고 있는 것들을 기록한 너만의 목록을 만들어보렴.

음, 향기로운 꽃 냄새~ 벌은 참 알룩달룩한 색을 가졌구나! 벌 소리가 마치 누가 투덜거리는 소리 같아! 발가락 사이로 진흙의 차갑고 축축한 느낌이 전해져 … 로드니의 털은 참 부드러워!

그림이나 글로 써보는 거야

경험하고 느낀 것
나에게 중요한 사건
반성과 좋은 추억
새롭게 깨달은 것
예감이나 직감
꿈이나 희망, 그리고 바람
두려움과 좌절
무언가를 얻기 위한 계획과 목표
좋은 아이디어와 발명

감정

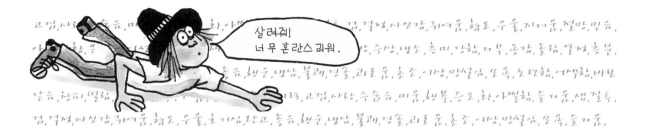

살려줘!
너무 혼란스러워.

지금 어떤 기분이지? 너의 감정을 알아보는 거야.

무엇 때문에 그런 감정이 생기는 걸까?

감정에 관한 일기를 만들어보자.

감정의 주기적인 패턴을 발견할 수 있을 거야.

감정을 상징적으로 그려보는 거야!

그리고 색칠도 해볼까!

이번엔 너의 감정에 관한 글을 써보는 거야.

이야기로, 시로, 기사로, 그리고 멋지게 꾸며 보는 거야.

일기 안을 채울 수 있는 여러 가지 방법들

1. 목록 만들기 … 오늘 할 일, 하고 싶은 일, 오늘의 성과,
   좋아하는 친구들, 나의 적들, 나의 장점과 약점, 좋아하는
   영화나 취미 활동, 음악…
2. 낙서하기
3. 갑동사니 스케치하기
4. 예쁜 글씨체 만들기

5. 편지 써보기 (사랑하는 사람들이나 미워하는 사람들에게)
   애인, 친구, 상사, 편집장, 대통령, 나에게
6. 글쓰기 … 시, 짧은 이야기
7. 연습장 … 글씨, 수학
8. 내가 지금 어떤 생각을 하는지에 대해…

감각

…보고 …듣고 … 맛보고 …냄새 맡고 … 느끼는 모든 것 ……

선, 모양, 색깔, 질감, 자연, 젖은, 마른, 부드러운, 뜨거운, 차가운, 까칠까칠한, 딱딱한, 매끄러운, 쓴, 달콤한, 짠

시끄러운, 매운, 록앤롤, 클래식, 트롯트, 힙합, 수다, 좋은, 나쁜, 못생긴, 아름다운…

몸의 감각 기관이 주는 모든 정보를 느껴보는 거야!

그것들로부터 어떤 이미지가 떠오르니?

떠오른 이미지들을 그리고, 색칠하고, 만들어보는 거야!

감각을 통해 느낀 것들을 그리고, 색칠하고, 음악으로 표현해보는 거야.

음악에 맞춰 몸을 움직여봐, 그리고 느낌을 적어보는 거지…

네 의지대로 몸과 마음을 편안하게 조절하는 방법을 배워야 해!

몸이 제 멋대로 움직이게 해봐… 따뜻한 욕조에 몸을 담그는 것도 좋고…
눈을 감거나… 운동을 하거나… 몸의 힘을 빼는 거야…
부드러운 음악을 듣거나… 조용히 산책하거나… 등을 문지르는 것도 좋아…

찰흙, 물감, 사인펜, 연필을 가지고 마음대로 놀아보는 거야.
뭔가를 만들어보아도 좋아, 여러 가지를 시도해 보고, 탐구해보자.
방 안을 마구 어질렀다가 나중에 깨끗이 치우는 거야!

재밌는 밀가루 놀이 만드는 법을 알려줄까?
밀가루와 소금을 2:1 비율로 섞고 마지막으로 물을 넣는 거야.
물을 넣을 때 원하는 색 물감을 첨가하면 예쁜 색 밀가루 찰흙이 나오겠지!
주물럭주물럭, 조물조물, 뭉쳤다가 찢었다가, 두드려도 보고,
모양을 만들고, 빵처럼 구울 수도 있어.

"천천히 가는 것을 두려워 말고, 아무것도 하지 않는 것을 두려워하라!"는 중국 속담이 있지.

직관

뭔가를 예감해본 적이 있니?

인상 깊은 꿈을 떠올려봐. 그리고 종이에 적어 보는 거야.

그것이 너에게 무슨 의미일까? 꿈을 그리고, 색칠도 해보자.

낮에 꾸는 꿈도 마찬가지……

편안해진다고 해서 잠들면 안 돼!

네 안에 있는 지혜로움을 찾아가는 거야. 마음을 편안히 가지고…

눈을 감아봐 … 자신의 마음속으로 여행을 떠나보는 거란다…

고요하고, 평화롭고, 아름다운 장소로…

네 안에 있는 지혜로움을 만나는 거야… 어떤 모습을 하고 있지?

어떤 색을 내고 있니? 너에게 뭐라고 말하니?

충고를 구해보렴.

네 안에 살고 있는 지혜로움에 선물을 줘 볼까? 무엇을 주고 싶니?

이번엔 지혜로부터 선물을 받는 거야. 무슨 선물을 받았니?

너에게 어떤 의미를 가질까? 이제 작별 인사를 할 시간이야…

다시 천천히 현실로 돌아오렴… 편안하게…

> 긴장 풀어! 하지만 잠들지는 말구.

만약에 네가~ (상상력을 발휘해 보세요.)

1. 1억 원을 유산으로 받았다면, 무엇을 할 거야?

2. 하루만 살게 된다면, 어떤 시간을 보내고 싶어?

3. 배가 난파해서 무인도에 살게 된다면, 누구와 함께 했으면 좋겠어?

4. 자신만의 '만약에~' 게임을 만들어봐.

사고

내가 누구인가에 대해 생각하는 것.

일상에서 벗어나 무엇을 하고 싶니?

나 스스로에게 마음에 드는 점은 무엇이지?

마음에 들지 않는 점은?

변화시키고 싶은 점은 무엇이지?

때론 우리 너무 쉽게 보고, 듣고, 느끼고, 맛보고, 냄새 맡고

생각하는 모든 것을 그냥 지나쳐버린다는 것을 깨달아야 해!

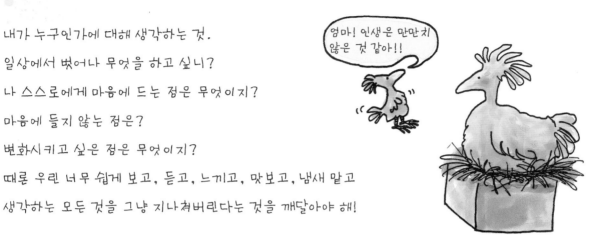

문제를 그대로 내버려두는 게 쉬울지 몰라.

가끔 우리는 차라리 문제없는 척 어려움을 무시해버리기도 하지.

아니면 문제가 멀리 사라져버리길 바라든가.

아니면 잘못된 방법으로 문제와 충돌하거나 때론 그냥 포기해버리기도 하지.

하지만 일단 문제를 똑바로 쳐다보기 시작하면, 이를 해결할 수 있는 효과적인 방법들을

발견할 수도 있단다!

우리에게는 새로운 아이디어를 '생각 → 연구 → 적용'할 수 있는 능력이 있어.

우리는 우리의 삶을 좀더 잘 조절할 수 있는 능력이 있는 거야!

뭔가 원하는 것을 이루기 위해 노력하고 있다면 적어도 넌 자신을 위해

뭔가를 하고 있는 거잖아!

'나'에 대해 탐구하기 - 나는 누구일까?

나의 존재에 대해 생각해보지 않고 그냥 매일매일을 살아가고 있지 않니?

우리는 갈수록 모든 인간은 고유하다는 사실을 잊어버리는 것 같아.

우리는 모두 다르단다. 각 개인은 모두 특별함을 가지고 있어.

이것이 너에게는 어떤 의미인지 한번 진지하게 생각해볼래?

너도 알겠지만, 이름이 너를 설명해주는 단어가 될 수는 없어.

이름이란 내가 너무 어려서 무슨 일이 일어날지도 모를 때 사람들이 지어준 것에 불과해.

너무 이름에 신경 쓰지 마,

아기들은 스스로 이름을 지을 수 없으니까. 먹고, 자는 것 밖에 할 수 없거든, 기억나지?

너의 이름에 대해 어떻게 생각하니?

내 생각에는 좋은 이름 같지만, 너에겐 이름을 지을 수 있는
선택권이 없었으니까, 만약 지금 네 이름이 마음에 안
들어서, 다른 이름을 가질 수 있다면 어떤 게 좋을지
생각해본 적 있니?

우리가 좋아하는 것과 싫어하는 것을 생각하는 것도 우리가
누군지 알아 가는 좋은 방법이란다. 다음과 같이 적어보자.

그럼 이건 식은 죽 먹기네! 어! 근데 이름을 까먹어 버렸어!!!

마음에 드는 이름		마음에 들지않는 이름
	영수?	
	윌리엄? 찰스?	
	정호? 마빡이?	
	윤희?	
	수진? 동건?	

인식하기를 위한 미술 활동

내 말을 들어보렴, 나는 예전에 항상 우울했단다. 극도로 낙담한 상태였지만, 왜 그런지 조차 몰랐단다! 완전히 폐인이었지! 그러던 중 미술 치료를 알게 된 거야. 매우 긴 이야기지만 짧게 말하면, 이제 나는 슬프거나 화가 나면 조금도 망설이지 않고 늘 쓰던 미술 도구를 꺼내 그림을 그리지. 그러면 기분이 한결 나아지거든! 너도 한번 시도해봐! 장담하는데, 너한테도 효과가 있을걸!!

오늘은 존 레논의 『Imagin』 감상하기

쓰레기통

1. 배경 속의 새 모양 본뜨기

- 주어진 지시를 따르고, 스스로 결정하고 계획하고 완성하기까지의 과정을 통해 과제 수행 능력이 향상되는 효과를 얻을 수 있다. 또한 인식 능력 강화나 선, 모양, 무늬, 색 등의 예술적 개념을 학습할 수 있다.
- 누구에게나 적용할 수 있지만 특히 초등 학교 1~5학년 아이들에게 더욱 효과적이다.

재료

엽서 크기만한 흰 도화지, 배경용 하늘색 혹은 다양한 색의 마분지

연필, 가위, 풀, 다양한 종류의 새가 있는 그림이나 사진

다양한 종류의 새 모양 본(본뜨기용)

진행 방법

1. 아이들에게 다양한 종류의 새 그림이나 사진을 보여 주고 새들의 여러 가지 모양, 색, 무늬 등에 대해 관찰할 수 있도록 이야기를 나눈다.

2. 아이들에게 새가 어떻게 생겼는지 그 모양과 선을 자세히 인식하도록 유도하는 것이 매우 중요하다. 새의 부리 같은 특정 부위를 확대해 보여줌으로써 미세한 선들이 서로 어떻게 연결되어 모양을 이루는지 관찰시킬 수 있다. 말로 설명하기보다 동안 직접 시범을 보이며 모양을 그려주는 것도 인식을 강화하는 데 도움이 된다.

3. 엽서 크기의 종이 위에 자신이 고른 새 모양을 본뜨게 한다.

4. 본뜬 새 모양 안에 날개, 부리, 깃털, 무늬 등을 넣어 세부적으로 꾸민다.

5. 색을 칠하고 완성된 새 모양을 잘라낸다.

6. 새를 위한 배경으로 나무, 공기, 초원, 연못, 새장 등 원하는 환경을 자유롭게 선택해서 마분지에 그린다.

7. 자신이 그린 배경 위에 새를 붙인다.

8. 아이가 만드는 동안 부가적으로 인식한 부분이 있는지 물어본다. 특징적인 선과 모양을 인식하려면 아이가 지적한 선이나 모양을 그려보게 하거나 손가락을 본뜨게 할 수 있다.

9. 만드는 동안 아이에게 격려와 지지를 아끼지 않아야 한다.

10. 작품이 완성되면 자신의 그림과 다른 친구들의 그림을 감상한 뒤, 다음 주제에 대해 토론해보자.

   • 만들면서 어떤 느낌이 들었는지

   • 완성된 작품을 보고 어떤 느낌이 드는지

   • 이 작품에 대해 다른 사람들은 어떤 느낌이 드는지

   • 만약 내가 작품 속의 새가 된다면 어떤 느낌인지

   • 어떤 종류의 새가 마음에 드는지

'배경 속의 새'는 초등 학교 5학년 아이들을 대상으로 실시한 미술 프로그램으로 꽤 호응이 좋았다. 아이들은 인식 기술을 익히는 것에 대해 재미있어 했고, 선과 모양에 집중함으로써 좀 더 사실적으로 그림을 관찰하는 법을 배울 수 있었다. 그리고 자신의 나이에 맞는 사실적인 표현과 그림을 그리는 것을 자랑스러워 했다. 따라서 이 기법은 아이들이 자기 신념을 세우고 좀 더 자신에게 긍정적인 느낌을 갖게 하는 데 도움을 준다.

자신이 만든 새와 배경에 대한 아이의 설명은 투사적인 기법으로 해석할 수 있다. 예를 들어 아이가 새장의 갇혀 있는 새를 만들고 그 새가 함정에 걸렸다고 이야기한다고 가정해보자. 아이의 다른 작품들에서도 비슷한 설명과 이미지가 발견된다면 자신의 환경에 대해서도 그렇게 느낄 수 있는 가능성을 가정해볼 수 있다. 물론 아이의 작품을 해석하고 분석하는 것은 매우 조심스럽게 이루어져야 한다. 아이의 그림에 대한 해석에는 반드시 아이의 행동이나 언어적인 설명이 뒷받침되어야 한다. 그렇지 않으면 아이를 해석하는 것이 아니라 기본적으로 자신이 알고 있는 환경에 대한 지식을 해석하는 실수를 범하게 된다.

●●● **배경 속의 새 모양 본뜨기** : 초등 학교 6학년 여학생의 작품입니다. '알을 품고 있느라 사냥을 하지 못하는 무서운 새'로, 자신의 심리적 환경을 비유적으로 표현하고, 새와 나무를 사실적으로 표현한 것에 대해 매우 만족해한 작품입니다.

2. 선과 모양 따라 그리기

- 정확히 재창조하는 과정을 통해 성취감을 느낄 수 있으며, 손과 눈의 협응 능력을 연습해볼 수 있다. 또한 친구들 간의 경험 공유를 통해 사회성을 형성할 수도 있다.
- 캐릭터를 단순히 따라 그리는 활동이므로 다양한 대상에게 적용할 수 있다. 단, 아이가 똑같이 따라 그릴 수 없을 때 느끼는 좌절감을 견딜 수 있는지를 판단하여 활동을 적용하도록 한다. 아이가 실패를 경험하지 않도록 도와주어야 한다.

재료

흰 도화지(8절 혹은 4절), 연필, 지우개, 색칠 도구(마커, 크레파스, 색연필 등)

쉽게 따라 그려볼 수 있는 대상이나 캐릭터가 나와 있는 책, 잡지 등

진행 방법

1. 스누피나 디즈니 혹은 다른 만화 주인공 같은 단순한 선으로 그려진 그림 중 마음에 드는 것을 선택한다.
2. 선택한 대상의 선과 모양을 보고 그대로 따라 그린다.
3. 원한다면 색칠을 해도 된다.
4. 부모님이나 선생님은 캐릭터의 전체적인 비율에서 잘못된 부분까지 자세히 관찰하는 것의 중요성을 알려줘야 한다. 만약 아이의 그림이 원본과 같지 않으면 정확히 어느 부분이 다른지 알려주고, 선과 모양, 비율을 확인하고 다시 그려보도록 한다.
5. 완성된 그림을 친구들끼리 서로 감상하도록 한 뒤 다음과 같은 주제로 토론해보자.
   - 작품에 대해 느낀 점

- 작업 과정에서 느낀 점
- 활동을 통해 배운 점
- 관찰이 중요한 이유

(말풍선) 진정한 친구는 어려울 때 곁에 있어주는 친구지!♥

평가

이 활동은 초등 학교 학생들에게 매우 효과적이다. 그러나 그리는 것 자체에 대한 부담감을 갖고 있는 아이는 이 활동을 꺼려 할 수도 있다. 따라서 아이에게 그리기 기술도 연습을 통해 배울 수 있다는 것을 설명해주면 좋다. 아이들의 이와 같은 두려움을 의식적으로 다룸으로써 아이의 불안을 제거해주어야 한다. 집단 토론에서 이러한 감정에 대해 이야기해볼 수 있다. 무엇보다 아이에게 그림 그리는 과정이 주는 가치를 느끼게 해야 한다. 중요한 것은 창조적인 과정을 즐기고, 자신의 감정과 생각을 탐구하며, 마음이 편안해지고, 자신뿐만 아니라 타인과 더불어 즐거운 시간을 가지는 것을 배워가는 것이다.

많은 선생님들과 부모님들은 따라 그리기 활동에 대해 창조적이지 않다는 인식을 가지고 있다. 하지만 인식 기술과 조절 능력을 강화하고 그림 그리기에 자신감을 갖게 하는 데 '따라 그리기'만큼 좋은 방법도 없다. 기뻐하는 얼굴로 눈을 마주치며 "이것 봐요, 나도 스누피를 그릴 수 있어요!"라고 말하는 아이의 말을 들었을 때 그 효과를 알 수 있을 것이다. 아이들에게 어떤 목적으로 이 활동을 하는지 분명히 인식시켜 주어야 하며 자신의 모방 그림을 새롭고 창의적인 방법으로 시도하고 탐구하도록 격려해주어야 한다. 이 활동은 아이의 독창성과 창의력을 사용할 수 있는 밑거름이 될 것이다. 관찰 능력을 사용하는 새로운 방법을 터득함으로써 주어진 환경을 인식하고 이에 대해 창조적으로 도전할 수 있는 능력을 키울 수 있을 것이다.

(말풍선) 나를 한번 그려봐. 난 나를 잘 모르겠어……

응용

따라 그린 그림은 다양한 방법으로 응용해볼 수 있다. 특히 실용적인 선물 같은, 관계에 도움이 될 수 있는 작품 만들기에 관심이 있는 청소년들에게 효과적이다. 다음과 같은 기법으로 응용할 수 있다.

- 감사 카드 만들기
- 달력 만들기
- 포스터
- 티셔츠 디자인
- 종이 인형

- 자석 만들기
- 휴대 전화 장식물
- 배지
- 이름표

● ● ● **선과 모양 따라 그리기** : 이 그림은 초등 학교 5학년 여학생의 작품입니다.

3. 만화 그리기

- 사물에 대한 시각 인식 능력에 집중할 수 있으며, 전체로부터 부분을 분리해보고, 부분에서부터 전체를 재 창조해보는 경험을 할 수 있다. 기분, 감정, 생각을 시각적 방법으로 표현해봄으로써 비언어적인 자기 표현 의 기회를 갖는 활동이다.
- 모든 대상에서 적용 가능하며, 다양한 연령층에게 재미있고 자극적인 활동이다.

재료

흰 도화지(4절), 연필, 지우개, 마커, 크레파스, 색연필

진행 방법

1. 준비한 재료를 나누어준다.
2. 아이에게 종이를 접어 다음과 같이 세 구역으로 나눠 첫 번째 구역에 '눈', 두 번째 구역에는 '코', 마지막 구역에는 '입'이라고 써 넣게 한다.

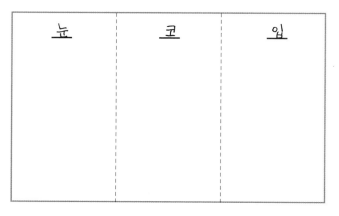

3. 모든 다양한 종류의 눈을 최대한 생각해보게 한 뒤 눈 구역에 그리게 한다. 같은 방법으로 코와 입도 차례로 채워넣게 한다.

4. 감정(행복, 슬픔, 화, 지루함 등)이나 상황(사랑에 빠졌다든가, 좋은 생각이 떠올랐다든가, 새 신발을 가지게 됐다 등)을 연관지어 생각해 보고, 이와 관련된 눈, 코, 입을 표현해서 각 구역에 덧붙이도록 한다.

5. 다른 사람이 그린 눈, 코, 입도 찾아보도록 한다. 친구들끼리 자신의 그림을 나누어 보고 비교해보도록 한다. 이 밖에 아동 책, 만화책, 신문, 잡지, 텔레비전 등에서도 덧붙일 내용이 없는지 찾아보도록 한다.

6. 그림이 완성되면 이를 바탕으로 전체 얼굴과 캐릭터를 만들어본다. 특정한 감정과 상황을 생각해서 자신만의 만화책이나 동화책을 만들어도 좋다.

7. 완성된 그림을 집단 구성원끼리 서로 감상하도록 한 뒤 다음과 같은 주제로 토론해보자.
   - 자신의 작품을 보고 드는 느낌
   - 작품에 대한 다른 사람들의 느낌
   - 유머 – 재미있는 점은? 이유는?
   - 브레인스토밍의 가치
   - 주변의 자료들을 활용하는 방법 – 잠재적인 동기에 대해 깨달아 가거나 집중하게 되는 것

평가

만화 그리기는 초등학생에게는 훌륭한 활동이다. 아이들이 가장 좋아하는 활동 중 하나이며, 높은 동기를 보인다. 이목구비 같은 얼굴의 다양한 부분들을 분리시키는 것은 아이들에게 전체에서 부분으로 연결시키며, 부분들을 서로 어울려 보게 만듦으로써 인식하기 과정을 강화한다.

응용

만화 그리기는 다양한 방면으로 응용이 가능하다. 자신이 그린 만화를 사용해 감사 카드, 편지지, 포스터, 단추, 배지, 벽 장식품을 만들 수도 있다. 종이에 구역을 더 나누어 머리카락, 귀, 손, 발, 옷, 동물 같은 다른 얼굴 모양을 추가해볼 수도 있다.

만들어진 작업 계획표는 앞으로 다양한 응용을 위해 잘 간직해 두는 것이 좋다. 다양한 매체—만화용 연필, 마커, 색연필, 먹물, 염색용 안료 등 —로 다양한 시도를 해볼 수 있다.

난 친구들이
날 놀릴때
정말

화가나!

4. 감정 그리기

- 감정을 시각적으로 표현하는 과정을 통해 자신과 타인의 감정을 인지할 수 있는 능력을 길러준다. 더불어 관계 형성을 위한 신뢰성과 자발성이 발달하는 효과를 얻을 수 있다.
- 개인 및 집단을 포함한 다양한 연령층에게 적용 가능하다. 그러나 이 활동은 매우 억압되었던 감정을 풀어 줄 수 있기 때문에 이런 감정들을 성숙한 단계로 통합할 수 있는 아이들에게 적용해야 한다. 따라서 지도 할 때는 집단 구성원들이 주어진 감정적 자극들을 견디고 조절할 수 있는 수준인지 평가해야 한다.

재료

흰 도화지(8절 또는 4절), 연필, 지우개, 마커, 크레파스, 색연필 또는 물감

사랑

진행 방법

1. 생각나는 감정들을 칠판에 적어 목록을 만든다.

2. 구성원끼리 상의하여 마음에 드는 감정 하나를 고르도록 한다.

3. 고른 감정을 단어나 글을 사용하지 않고 시각적으로 묘사한 이미지로만 그리도록 한다.

4. 선, 모양, 색이나 상징을 사용해 감정을 표현하게 한다. 부모나 선생님이 함께 작업해도 좋다. 단, 함께 그림을 그리는 동안 필요한 도움만 제공할 수 있다.

5. 완성된 그림을 집단 구성원끼리 서로 감상하도록 한 뒤 다음과 같은 주제로 토론해보자.

   - 어떤 감정을 그린 것인지 서로 추측해보기
   - 자신의 작품에 대해 어떤 느낌이 드는지
   - 이미지를 표현하면서 어떤 느낌이었는지
   - 작품에 대해 다르게 느낀 점은 무엇인지

분노   바보같음

평가

　감정 그리기를 통해 집단 구성원 간의 차이점과 공통점을 발견해볼 수 있다. 아이들은 비언어적 수준의 감정을 경험하고 색과 모양으로 표현된 감정의 수준을 이해하고 확인할 수 있게 된다. 특히 이 활동은 개인의 인지, 판단, 행동에 영향을 미치는 무의식적인 힘에 대한 자기 인식을 효과적으로 경험해 볼 수 있는 기회를 제공한다.

집단 활동에서 모든 아이들이 공통으로 반응하고 비교해볼 수 있는 한 가지 감정에 대해 제안하는 것이 좋다. 그리고 그림의 미적 가치는 개인마다 다르다는 것과 그림 실력보다는 자기가 보여주고자 하는 내용을 적절하게 표현하는 것이 더 가치 있다는 것을 주지시켜야 한다. 이렇게 함으로써 그림을 못 그리는 것에 대해 걱정하고 긴장하는 아이들에게 좀 더 편안한 마음을 줄 수 있다.

●●● **감정 그리기** : 집단 미술 치료 중인 초등 학교 5학년 여학생의 작품입니다. '화가 났을 때 생기는 감정'들로 자신이 다른 사람 때문에 화가 났지만 그림을 보니 자신 때문에 다른 사람도 짜증이 났을 것 같다고 말함으로써 스스로의 감정에 대한 통찰을 표현했습니다.

5. 자유 연상 콜라주

- 보다 안전한 방법으로 내면의 감정과 갈등을 표현할 수 있으며, 가위 사용으로 인한 소근육의 운동을 촉진할 수 있다.
- 누구나 쉽게 할 수 있기 때문에 어떤 대상에게도 적용 가능한 활동이다.

재료

흰 도화지(8절), 가위, 풀, 다양한 종류의 보고 난 잡지

> 콜라주란 여러 가지 다양한 재료를 붙여 만든 그림을 말해!

진행 방법

1. 준비한 재료들을 나누어준다.

2. 아이에게 잡지를 훑어보고 마음에 드는 사진들을 오리게 한다.

3. 자신의 종이에 오려둔 사진들을 배열하고 이름이나 제목을 붙여보도록 한다.

4. 부모와 선생님은 아이와 함께 활동을 할 것인지 아닌지 선택한다.

5. 완성된 작품을 다른 친구들끼리 서로 감상하도록 한 뒤 다음과 같은 주제로 토론해보자.

- 자신의 작품에 대해 어떤 느낌이 드는지
- 만들면서 어떤 느낌이 들었는지
- 이 작품에 대해 다른 사람들은 어떤 느낌이 드는지
- 이미지가 상징하는 바는 무엇인지
- 자신의 작품에 이런 제목을 붙인 이유는 무엇인지
- 이 사진들을 고른 이유는 무엇인지

평가

자유 연상 콜라주는 의사소통을 격려하기에 좋은 활동이다. 동시에 아주 조금의 예술적 능력만 있으면 누구나 성공적으로 수행할 수 있는 즐거운 활동이다.

●●●● **자유 연상 콜라주** : 학습 장애를 가진 초등 학교 6학년 여학생의 작품입니다. '내가 좋아하는 것과 싫어하는 것' 으로 나누어 표현 했습니다. 학습에서 오는 스트레스에서 벗어나 이미지를 통해 자신을 표현하는 것을 즐거워하고 자신감을 갖게 된 작품입니다.

6. 발바닥이 입이 되는 얼굴

- 발 모양을 이용한 재미있는 활동으로 그리기와 글쓰기를 동시에 함으로써 언어와 비언어적 표현 사이의 균형을 촉진한다. 창조적인 과정의 표현을 통해 자기 개념과 자신의 능력에 대한 긍정적인 감정을 강화할 수 있다. 왜곡하는 과정을 통해 유머를 사용하고 웃을 수 있는 기회를 제공한다.
- 이 활동은 다양한 대상에게 적용 가능하지만 특히 아동에게 적합하다.

재료

흰 도화지(8절),연필, 지우개, 색칠 도구

진행 방법

1. 재료를 나누어주고, 종이 한가운데 자신의 발을 본떠 그리게 한다.

2. 본뜬 발 모양을 입 모양으로 그리게 한다. 눈, 입, 치아 혹은 다른 얼굴 모양을 더해서 우스꽝스러운 얼굴을 만들어도 좋다.

3. 색칠을 하도록 한다.

4. 완성된 그림을 친구들끼리 서로 감상하도록 한 뒤 다음과 같은 주제로 토론해보자. 원한다면 그림에 이름을 붙이거나 짧은 글을 써도 좋다.

   - 만들면서 어떤 느낌이 들었는지
   - 작품을 보고 어떤 느낌이 드는지
   - 유머-얼굴이 웃긴 이유는 뭘까?
   - 왜곡과 과장에 대해

평가

발바닥이 입이 되는 얼굴은 아이들에게 인기 있는 활동이었다. 아이들은 이 활동을 통해 토론하고 교류하며, 감정을 해소하고 많이 웃을 수 있었다.

응용

- 발 모양을 몸통으로 사용해서 우스꽝스러운 그림을 그릴 수 있다.
- 발 모양으로 상상의 동물을 만들어볼 수 있다.
- 손 모양 본뜨기로 괴물이나 상상의 인물이나 동물 등을 만들어볼 수 있다.
- 몸 전체 본뜨기로 실제 사람 모양이나 동물, 로봇, 괴물 등을 만들어볼 수 있다.

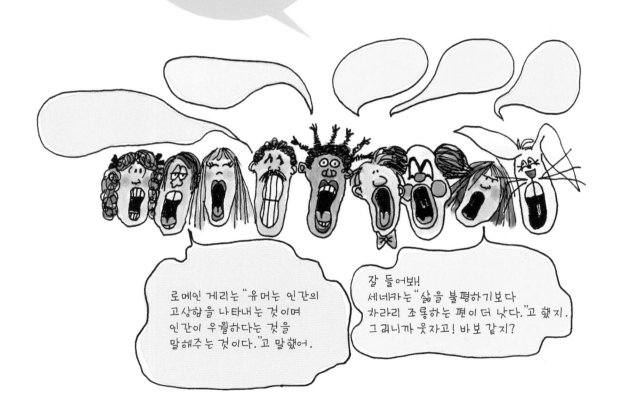

● ● ● ● **발바닥이 입이 되는 얼굴** : 이 그림은 초등 학교 4학년 남학생의 작품입니다.

수용하기

수용하기가 뭐지?

마음을 열고, 나와
다른 사람을 수용해 보자!

수용하기가 아닌 것

어떻게 하면 이 다람쥐 쳇바퀴 같은 삶에서 벗어날 수 있을까?
난 정말 아무것도 할 수 없어.

인생은 불공평해!
난 태어나게 해달라고 한 적 없어.
왜 나를 태어나게 한 거야!
없는 척 해버려야지!
그러면 진짜로 그렇게 될지 몰라!!

왜 난 완벽하게
태어나지 않은 거야?
날씬하든 지······
부자이든 지······
운동을 잘 하든지······
잘생기든 지······ .

이건 내가 생각했던 삶이 아니야!

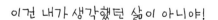

왜 하필 나만?

고맙게도 나한텐 기쁨이
곧 불행이 되지······

수용하기란

내 마음대로 생각하고 느껴도 괜찮다는 거지?

"~이 되어야"한다는 사고방식은 잊어버리고,
내가 지금 정말로 원하는 것이 무엇인지 생각해야 해!

내 모습 그대로가 좋아! 나도 한 인간일 뿐이야.

완벽한 사람은 없어.

아마도 나에겐 진정한 내 모습이 없을지도 몰라.

누구도 완벽해질 순 없는 법이야.

우리들 대부분 '~을 해야 한다',

'~이 되어야 한다'며 기대를 충족시키도록 교육받아 왔어.

이것은 우리를 진정한 모습으로부터 멀어지게 한단다.

우린 우리의 삶이 타인의 생각과 행동을 따라 하도록 내버려 두는 셈이야.

모든 인간은 자신의 내면에 창조적인 힘을 가진 진정한 자기를 가지고 있단다.

이러한 나의 모습을 잘 보살피고 개발한다면 누구나 충분히 깨달을 수 있을 거야!

나를 수용하는 것은 곧 타인을 수용하도록 이끌어 준단다.

우리가 보고 싶은 면만 보는 것이 아니라 다른 사람을 있는 그대로

볼 수 있는 눈을 주지!

내가 완벽하지 않다고? 무슨 소리 하는 거야!!

우리 모두는 긍정적인 면과 부정적인 면을 가지고 있어.

긍정적인 면들은 우리 스스로가 좋아하고 자랑스러워하는 것들을

말해. 부정적인 면들은 우리 스스로가 싫어하고, 두려워하고, 비난

하는 것들이지.

하지만 이 두 가지 모두 우리 안에 존재하고 있다는 것을 받아들여야 해!

어느 한쪽도 무시하거나, 부정하거나 억눌러서는 안 돼!
그 대신에 있는 그대로 바라봐야 하지,
나의 그런 면들이 어디에서 생겨나게 된 것인지…….
언제, 어디서 배운 것인지…….

자신의 긍정적인 면과 부정적인 면들을 적어 보세요.

긍정적인 면	부정적인 면

우린 이 모든 것들과 함께 존재하지.

부정적인 자아 개념에서 벗어나기

    어른들은 종종 어린 시절과 관련된 화나 분노 같은 감정들을 지금까지 가지고 있단다. 부모님이나 선생님들 그리고 다른 권위적인 어른들이 너에게 상처를 줄 때가 있었을 거야. 너의 자존감을 깎아 내리고 비난했겠지만 넌 어떤 것도 할 수 없었겠지. 화가 나는 것을 단순히 견디거나 참을 수밖에 없었을 거야. 그때는 어떻게 맞서 싸워야 할지 몰랐을 테니까!

    하지만 이젠 달라. 넌 지금부터 아무것도 할 수 없다는 감정에서 벗어나기 위해 분노를 조금씩 표현하는 방법을 배우게 될 거야. 이것이 자아존중감을 바로 세우는 방법이란다. 자신을 스스로 사랑하고, 돌볼 줄 알며, 삶의 보다 큰 만족을 얻을 수 있는 창조적인 힘을 사용하게 되는 거야.

    우리 모두는 각자 내면에 부모 자아, 성인 자아, 아동 자아를 가지고 있단다. 특히 내 안의 어른적인 면들은 이성적이고 현실적이어서 우리 자신과 타인의 행동을 객관적으로 이해할 수 있게 해주지. 이런 면 때문에 우리는 변화하고 성장할 수 있는 거야. 이것을 심리학에서는 의식적인 자아라고 말한단다.

긍정적인 영향을 주는 부모 자아	부정적 영향을 주는 부모 자아	자유로운 아이	화난 아이
우리 자신에게 좋은 감정을 갖도록 도와준답니다.	항상 완벽해지길 바라며, 실수를 용납하지 않을지요.	항상 즐겁고 행복하지요.	비판받는 것을 싫어해요.
"넌 참 좋은 아이란다." "네가 자랑스러워." "넌 해낼 줄 알았어." "사랑해."	"넌 참 바보야." "제대로 좀 할 수 없니?" "넌 도대체 왜 그 모양이니?" "너한테 실망했어." "넌 이것도 해야 하고 저것도 해야 해."	"날 좀 봐줘." "나 혼자서 모두 다했어." "정말 재밌다." "이건 어떻게 하는 거지?" "신나게 놀자." "널 사랑해."	"내가 원하지 않은 건 할 필요 없어!" "난 네가 미워." "두고 보자, 가만두지 않을 거야." "날 혼자 내버려 둬!" "난 아무것도 하지 않을 거야."

나의 다양한 면 수용하기

가끔 난 너무 행복해.

기분이 끝내주지!

이때는 모든 게 아름답게 보여.

난 뭐든지 할 수 있어!

난 삶을 사랑해.

너무 행복해서 자꾸 웃고 싶어.

내가 바보 같을 때도 있어.

그냥 빈둥빈둥 거리다가도 내 멋대로 미친 듯이 행동하고 싶어져!

난 가끔 슬프고 우울해져. 특히 어려운 문제가 생기거나

다가올 문제들에 대해 고민할 때, 아니면 외롭거나 시험을 망쳤을 때도 마찬가지야.

일단 우울해지면 난 내 자신이 참 한심하다는 생각이 들어. 인생의 실패자 같아.

그래서 내 자신이 너무 싫어져. 난 아무것도 잘 할 수 없을 거야!

난 정말 불행하고 비참해. 아마 영원히 그럴지도 몰라!

가끔은 아주 조용히 정숙할 때도 있어.

나는 매우 나쁘게 굴 때도 있어.

심술궂고 비열하고 사악한 사람이라고 느껴지거든!

사람들에게 내 방식을 강요하면서 그 사람들의 방식은 거부하지.

그러다가 다시 천사처럼 행동하기도 해!
내가 아파 쓰러질 때까지 친절을 베풀고 도움을 주려고 하니까.

어떨 때 나는 이 세상에 미치도록 화가 나!

나를 포함해서 이 세상 모든 사람들 모든 게 다 싫어.

날 좀 가만히 내버려두라고!!!

나 자신과 나의 감정 수용하기

어떤 것을 인정한다고 반드시 그것을 좋아하거나,

동의해야 하는 것은 아니야!

내가 슬프거나 좌절하면서까지 억지로 좋아할 필요는 없어!

하지만 그 감정이 무엇인지,

왜 그런 감정이 생겼는지 이유는 알아야겠지.

그런 감정 뒤에는 무엇이 숨어 있는 걸까?

감정을 한번 있는 그대로 경험해보자.

우리가 현명하게 감정 조절을 하기 위해선

내가 지금 어떤 감정을 느끼고 있는지 알아야 해.

그리고 이런 감정이 어떻게 생기게 되었는지 이해하는 법을 배워야 한단다.

난 네가 존재한다는 사실을 받아들일 수는 있지만 널 좋아할 필요까지는 없다고 생각해!

세상의 모든 사람들이 기쁨, 분노, 두려움, 지루함 등을 가지고 있단다. 그러니까 우리의 경험과 감정들을 다른 사람들에게 이야기해 보면 나만이 느끼는 감정이 아니라는 것을 알게 되지.

감정은 우리 모두 가지고 있는 공통적인 것이니까!

다른 사람들도 나와 비슷한 감정이 있다는 것을 알게 되면 내 감정을 좀 더 쉽게 받아들일 수 있거든.

물론 다른 사람들의 감정을 이해하고 공감하는 데도 도움이 되겠지!

대통령도 자신이 가끔은 바보 같다고 느낄때가 있을거야.

이런 것들을 생각해봐!

나에게 왜 이런 감정이 생긴 거지?

나는 왜 이렇게 행동하는 걸까?

인생 곡선을 만들어보렴!

너의 삶에서 중요했던 경험, 생각, 감정, 사람, 만남, 사건 등이 일어났던 순간을 선 위에 표시해보는 거란다.

사건들	날짜	나의 감정 또는 반응

중요한 사건들마다 다른 색으로 칠해봐.

이렇게 해보면 네가 경험했던 것들 중에 반복되는 너만의 법칙이나 습관, 특징 같은 것을 알 수 있게 된단다. 외부적으로 일어난 사건이나 경험이 너에게 어떤 감정을 불러 일으켰는지 그 관계를 알게 된다면 넌 감정에 대한 인식과 수용을 증가시킬 수 있을 거야. 넌 발전을 위한 통찰을 얻게 되는 거란다.

다르다는 건 정말 멋진 일이야!

수용하기를 위한 미술 활동

집단 미술 활동 → Ⓐ **친해지기** – 개인은 집단에서 나눌 여러 가지(음악, 시, 음식, 사진 등)를 가져온다. →
Ⓑ **진행 방법**은 집단 구성원들이 원하는 내용에 따라 달라진다. → Ⓒ **미술 작업** – 구성원들은 재료를 가
지고 그림을 표현하거나 시를 쓰거나 아무것도 만들지 않고 놀 수도 있다. 이 과정 중에 특별한 감정이나
다루고 싶은 문제로 들어갈 수도 있지만 재미를 위한 자유 연상을 해볼 수도 있다. → Ⓓ **마무리** – 작업
과정 동안 느낀 점이나 작품을 보고 느낀 점, 이 밖에 다양한 표현을 이용해 토론해볼 수 있다. 활동에 대
한 평가도 포함된다. 활동이 진행되는 동안 음악을 틀어 놓으면 표현이 풍부해지는 환경을 만들 수 있다.

1. 달력 만들기

- 주어진 지시를 따르면서, 스스로 결정하고 계획하고 완성하기까지의 과정을 통해 과제 수행 능력을 키울 수 있다. 시간, 계절, 기념일 등과 관련된 이미지를 통해 이미지와 소통하는 법을 경험할 수 있다.
- 초등 학교 고학년 학생들과 성인들에게 매우 효과적인 활동이다. 집중력이 요구되는 다소 어려운 과제일 수 있기 때문에 집중력이 약한 아이들의 경우 좌절감을 느낄 수 있으므로 지도할 때 주의해야 한다.

재료

흰 도화지(4절)

스텐실 할 두꺼운 종이 또는 마분지

연필, 자, 가위, 마커, 색연필,

크레파스 외 색칠 도구

달력(본보기용)

진행 방법

1. 시작하기 전에 반드시 하나 이상의 견본용 달력을 보여준다.

2. 각자 자신이 원하는 달을 나누어 맡는다.

3. 각 달을 꾸밀 때 들어갈 알맞은 주제나 상징물 등을 토론해본다.

4. 창의적이고 예술적인 달력을 만들기 위해서는 무엇이 필요한지 다음 내용을 토대로 토론한다.

- 분위기 – 어떤 상징물을 사용할 것인지, 상징물이 주는 분위기는 무엇인지
- 색 – 달력이 좀 더 매력적이고 눈에 띄도록 할 수 있는 색의 구성이나 배치는 무엇인지, 색

이 유발하는 느낌이나 분위기는 무엇인지

- 글씨 종류 – 어떤 크기로, 어떤 글씨체로 반복하고 배치할 것인지
- 주어진 시간을 어떻게 사용하여 달력을 완성할 것인지

5. 먼저 달력 맨 위에 월과 요일의 제목을 만든다. 손으로 직접 쓰거나 두꺼운 색도화지나 마분지 등을 오려서 붙이거나 스텐실 기법을 사용해도 좋다.

6. 달력의 날짜를 써 넣은 본뜨기 원본을 만든다. 자신이 생각하는 그 달의 상징물과 관련 지어 만드는 것도 좋다. 본뜨기를 추천하는 이유는 같은 것을 반복해서 그려야 하는 경우에 용이한 방법이기 때문이다. 각 달에 따라 28~31일의 날짜를 모두 그려 넣어야 한다는 것을 염두에 두자. 그리고 종이 크기에 맞추어 본뜨기 원본 모양의 크기를 조절해야 한다. 4절지의 경우 5cm 정도를 넘지 않도록 하는 것이 좋다.

7. 가위로 모양 본을 오려낸다.

8. 다른 종이에 자라낸 본을 대고 한 줄에 여러 번 미리 그려보아 전체적인 크기를 확인한다.

9. 확인한 크기가 적당하면 각 요일에 맞추어 차례대로 그린다. 실제 달력을 보고 만약 1일이 일요일이면 첫 줄부터 그리고 수요일이면 첫 줄 네 번째부터 그리고, 토요일이면 첫 줄 마지막 칸부터 그리면 된다. 이런 식으로 각 달에 맞는 날짜대로 차례로 본뜬다. 잘못 그렸을 때를 대비해 먼저 연필로 가볍게 그린다.

10. 본뜬 모양 안에 요일과 날짜를 깔끔하게 써 넣는다.

11. 마커, 색연필, 다른 여러 가지 색칠 도구를 사용해 연필로 그려 놓은 선 위를 칠하거나 꾸미고, 달력의 나머지 부분을 색칠하거나 그림을 그려 꾸민다.

12. 아이들에게 도움을 주거나 의견을 제시할 수 있으며, 전체적으로 지지와 격려를 해주어야 한다.

13. 달력이 완성되면 친구들끼리 모여 자신이 만든 부분으로 전체 달력을 연결해본다. 이 기법은 집단 공동이 만든 달력이 벽에 전시되는 것만으로도 재밌는 경험이 될 수 있다. 다음과 같은 주제를 토론해보자.

✱ 월별 주제나 상징물의 예

1월
새해 – 태양, 계획표, 눈송이, 눈사람
개인적인 기념일

2월
설날 – 떡국, 까치, 연, 한복
발렌타인데이 – 하트

3월
삼일절 – 태극기
입학, 새 학년 – 새 책, 새로운 친구들

4월
식목일 – 나무
봄의 시작 – 봄비, 나비, 꽃

5월
어린이날 – 풍선, 선물
어버이날 – 카네이션, 하트
스승의 날, 석가탄신일

6월
현충일 – 태극기
6·25 전쟁 – 이산가족, 눈물

7월
제헌절 – 태극기, 애국심
여름 휴가 – 수영복, 파라솔, 돛단배

8월
광복절, 입추
여름 방학 – 외가댁, 할머니, 시골

9월
가을의 시작 – 단풍, 허수아비
추석 – 송편, 보름달, 햇곡식

10월
국군의 날 – 군인, 탱크
개천절 – 단군 신화, 곰
한글날 – 한글, 세종대왕, 훈민정음

11월
겨울의 시작 – 목도리, 장갑
빼빼로 데이 – 친구, 연인

12월
크리스마스 – 트리, 산타, 선물
겨울 방학 – 스키, 눈, 눈사람, 눈썰매

- 자신이 만든 달력을 보고 어떤 느낌이 드는지
- 만들면서 어떤 느낌이 들었는지
- 만드는 동안 무엇을 배우게 되었는지
- 이 작품에 대해 다른 구성원들은 어떻게 느끼는지

평가

특히 초등 학교 5, 6학년 아이들에게 인기가 높은 활동이다. 집단 구성원 모두가 좌절감을 느끼지 않고 완성의 기쁨을 누리기 위해선 적어도 2시간 이상 걸리는 작업이 될 수 있다. 과정 또한 복잡하므로 아이들에게 전체적인 감독이 필요한 작업이기도 하다. 그러나 대부분의 아이들은 자신의 작품이 완성되고 하나로 전시되는 것을 매우 즐겁고 자랑스러워한다.

이 기법은 어린 아이에게도 적용할 수 있는데, 이때는 선택 사항들을 줄여서 활동을 단순하게 만들어야 한다. 즉, 집단 모두가 의미 있는 한 가지 달의 달력을 만든다든가, 전체적으로 같은 모양의 본을 사용하거나 미리 만들어 놓은 모양 본이나 오려 놓은 숫자들을 제공할 수 있다. 이럴 경우 붙이거나 그리기만 해서 달력을 완성할 수 있기 때문이다.

유의 사항

과정이 길고 복잡하기 때문에 지시 사항은 아주 간결하고 명확히 전달해야 하며, 차근차근 순서에 따라 그 예들을 보여 주면서 진행해야 한다. 다른 아이들이 만든 달력을 본보기로 보여 준다면 만드는 방법을 보다 쉽게 이해시킬 수 있고 자유롭게 영감과 아이디어를 떠올리는 데 도움이 된다.

달력 만들기는 달력이 항상 네모 안에 일렬로 나열된 숫자라는 익숙한 사고방식을 깨고 새로운 방식을 접할 수 있는 경험이 된다. 뿐만 아니라 미적 가치가 있으면서 실용적일 수도 있는 미술 활동의 창의적인 경험을 할 수 있다.

● ● ● **달력 만들기 1** : 정신 지체를 가진 초등학생들의 공동 작품입니다. 스텐실을 이용한 달력은 약간의 도움만 받는다면 정신 지체 아동들도 성공적으로 완성할 수 있습니다.

●●● 달력 만들기 2 : 이 그림들은 초등 학교 5, 6학년 학생들의 공동 작품입니다.

2. 선물 콜라주

- 관계를 맺고, 나누고, 위험을 감수하고, 신뢰할 수 있는 사회적 경험을 쌓을 수 있다. 공통점과 차이점을 발견하고 타인을 인식하고 이해할 수 있는 능력을 발달할 수 있는 좋은 기회다.
- 모든 대상에 적용할 수 있다.

재료

흰 도화지(8절), 풀, 연필이나 마커, 오래된 잡지

진행 방법

1. 준비한 재료를 나누어준다.

2. 집단의 다른 구성원이 가진 특성이나 성격(너그러움, 귀여움, 창의성, 예술성 같은) 중에 마음에 드는 점들에 대해 생각한다. 그 사람을 생각할 때 떠오르는 것들(색깔, 동물, 음악, 풍경 같은)도 생각해본다.

3. 잡지에서 구성원 개개인을 나타내줄 수 있는 이미지를 찾아본다.

4. 이미지들을 오려낸 후, 해당되는 구성원에게 전해준다.

5. 다른 사람들에게 받은 이미지를 모아 나만의 방식으로 콜라주를 만든다.

6. 콜라주 작품을 함께 보면서 돌아가면서 이야기를 나누거나, 작품들을 모두 한 곳에 붙여 놓고 각 작품이 누구를 나타내는 것인지 추측해볼 수도 있다. 다음과 같은 주제로 토론해보자.

- 자신이 받은 선물에 대한 느낌은 어떤지
- 반대로 다른 사람들에게 선물을 주었을 때 느낌은 어땠는지
- 콜라주의 이미지들이 자신의 성격과 특성을 잘 나타내주고 있는지

평가

선물 콜라주는 초등 학교 미술 프로그램과 임상 현장에서 모두 성공적인 활동으로 평가된다. 학생과 아이들 모두 의욕적이고 즐겁게 활동에 참여했다. 특히 공격 성향을 보이는 아동의 경우 개인의 긍정적인 면을 강화하는 데 도움이 된다. 호감과 친밀감, 유머를 표현할 수 있는 기회를 주며, 집단 구성원끼리 우정을 나누고 의사소통을 촉진시킬 수 있는 좋은 계기를 마련해준다.

응용

- 원하는 짝을 골라 서로에 관한 콜라주를 만들어본다.
- 한 사람이 자신 혹은 집단의 다른 사람에 관한 콜라주를 만들고 서로 누구에 관한 내용인지 맞혀본다.
- 모두 함께 콜라주 벽화를 만든다. 서로 의논해서 하나의 주제를 정하거나 자유롭게 해도 좋다.

●●●● **선물 콜라주 1** : 집단 미술 치료 중인 초등 학교 6학년 여학생의 작품입니다. 집단의 다른 사람에 관한 콜라주를 만드는 과정을 통해 타인에 대한 배려와 인식을 배울 수 있었습니다.

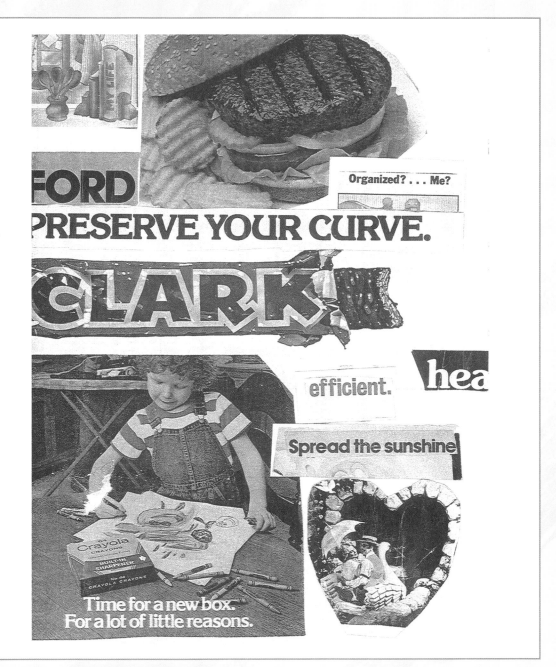

●●●◐ **선물 콜라주 2 : .** 이 그림은 L.D. 학생이 특별 미술 활동 시간에 그린 작품입니다.

3. 두 가지 상상 속 대상 그리기

- 개인의 자아상, 성정체감, 환상을 시각적으로 표현하는 과정으로 상상력과 창의력을 증진할 수 있다. 가족 또는 반 친구들과의 경험 공유를 통해 사회성을 기를 수 있다.
- 다양한 대상에게 실시할 수 있지만 특히 아동들에게 효과적이다.

재료

흰 도화지(8절 혹은 4절), 연필, 마커, 크레파스, 다른 색칠 재료

진행 방법

1. 준비한 재료를 나누어준다.

2. 도화지를 반으로 접은 뒤 접은 도화지 양면에 각각 상상의 대상을 그린다.

3. 형용사나 명사를 사용해 상상의 대상에 관한 설명을 자유롭게 표현해본다.

4. 작품이 완성되면 친구들 또는 가족과 함께 보면서 다음과 같은 주제로 토론해보자.

    - 자신이 그린 대상에 대해 어떤 감정과 생각이 드는지

    - 그림을 그리면서 어떤 느낌이 들었는지

    - 이 작품에 대해 다른 사람들은 어떤 느낌이 드는지

평가

이 활동은 학습 장애가 있는 초등 학교 5학년 학생들에게 호응을 얻었다. 잠재적인 문제나 감정들이 표현될 수 있기 때문에 이에 대해 논의해볼 수 있는 활동이다. 단, 토론할 시간을 충분히 주어야 하는 것이 단점이므로 대그룹 활동에는 유의해야 한다. 서로 상반되는 감정이나 상황들을 그릴 수 있다.

●●● **두 가지 상상 속 대상 그리기** : 이 그림은 학습 장애를 가진 초등 학교 6학년 학생이 그린 작품입니다.

4. 이름 디자인

- 창의적이고 독창력 있는 표현을 통해 자기 인식을 확장할 수 있으며, 선, 색, 질감, 형태 같은 미술 개념을 학습하는 데도 효과적이다. 정보를 새롭게 인지하고 통합하는 과정을 터득하는 좋은 활동이다.
- 모든 대상자에게 적용할 수 있다.

재료

흰 도화지(8절 혹은 4절), 연필, 지우개, 마커, 크레파스, 다른 색칠 재료

진행 방법

1. 준비한 재료를 나누어준다.
2. 평소 무심하게 이름을 쓸 때와는 달리, 자신의 이름을 가지고 '디자인' 할 것임을 알려준다.
3. "우리 대부분이 평소 글자를 가지고 디자인해보려는 생각을 하지 않는다.", "반사적으로 머릿속에 저장된 글자를 꺼내어 쓰는 경향이 있다.", "글자나 단어들의 생김새나 디자인에 대해 거의 인식하지 못한다."는 것을 인지시킨다.
4. 몇 가지 디자인된 글씨를 예로 보여준다.
5. 그런 다음에 자신의 이름을 디자인할 색, 상징, 선, 모양, 질감 등을 골라 디자인한다.
6. 활동이 끝나면 함께 작품을 보면서 다음과 같은 주제로 토론해보자.
   - 개인만의 특징, 공통점과 차이점
   - 집단 상호 작용

- 나의 특징적인 디자인 기법 소개
- 시각적인 방법으로 의사소통하고 이해하는 법
- 자신의 작품 및 타인의 작품을 보고 느낀 점
- 활동 과정 중에 느낀 점

평가

초등 학교 학생들에게 매우 효과적인 활동으로, 자기 개념을 세우고 자신에 대한 좋은 느낌을 얻을 수 있다. 이름 디자인은 자신을 소개하고 관계 형성에 도움이 되기 때문에 집단 형성 초기에 진행하면 좋다.

응용

이름 디자인은 다양하게 응용할 수 있다. 작품에 디자인된 자신의 이름을 사용하거나, 방에 장식할 포스터나 액자로 만들거나, 그룹 벽화로 만들 수도 있다. 그 외 다른 방법들로는 범인들이 만든 익명의 편지 형식처럼 잡지나 신문에서 오려낸 글자들을 이용해서 디자인한다거나. 글자를 거꾸로 디자인한 후 거울에 비추어 읽어본다. 또는 이름 이외에 좋아하는 휴일(크리스마스, 생일 등)이나 감정(사랑, 미움, 행복, 슬픔 등) 같은 다른 단어들을 디자인해본다.

유의 사항

선생님과 부모가 아이들과 함께 작업하는 것도 좋다. 함께 하는 과정을 통해서 서로 간의 신뢰와 의사소통에 긍정적인 영향을 줄 수 있다. 다만 작업은 아이가 주도적으로 할 수 있도록 해야 하며, 작업물에 영향을 주거나 독창성을 방해하지 않도록 유의한다.

● ●● ● **이름 디자인 1 :** 이 그림은 초등 학교 3학년 남학생의 작품입니다.

● ● ● ● **이름 디자인 2** : 이 그림은 초등 학교 5학년 여학생의 작품입니다. 상상의 나라에서 자신이 갖고 싶은 이름을 디자인한 것으로, 생각한 것을 실제로 표현해낸 것에 대해 만족해한 그림입니다.

5. 손 인형 만들기

- 놀이와 환상을 충족할 수 있는 즐거운 경험으로 창의성과 상상력을 촉진하고 강화할 수 있다. 주어진 지시에 따르고, 스스로 결정하고 계획하고 완성하기까지의 과정을 통해 과제 수행 능력을 향상시킨다.
- 특히 아동들이 좋아하는 활동으로, 친구나 동생에게 줄 선물 만들기로 접근한다면 더욱 흥미로워 할 것이다.

재료

흰색 마분지(8절 혹은 4절), 연필, 지우개, 풀, 마커, 크레파스, 색연필

색종이, 실, 꾸미기 재료

진행 방법

1. 준비한 재료를 나누어준다.

2. 다음과 같이 종이 접는 법을 알려준다.

   a. 종이를 세 등분해서 접는다.

   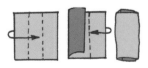

   b. 접은 종이를 다시 반으로 접는다.

   c. 양끝이 바깥쪽으로 향하게 반으로 접는다.

   d. 접은 종이의 벌어진 틈 사이로 손가락을 넣어 입을 움직여본다.

3. 크레파스, 마커, 색종이, 실 등을 이용해서 꾸민다. 눈, 코, 입, 이빨, 혀,

   눈썹, 머리털 등을 만들 수 있다.

4. 완성된 인형을 집단 구성원끼리 함께 보면서 다음과 같은 주제로 토론해보자.

   • 공통점과 차이점

   • 꾸민 재료

   • 상상력과 창의성에 대해

   • 작품에 대한 자신의 느낌

   • 만드는 과정 중의 생긴 느낌

평가

손 인형 만들기는 아이들이 가장 좋아하는 주제 중 하나이다. 자신이 만든 작품으로 역할극이나 아이들의 환상과 감정을 투사할 수 있는 놀이를 할 수 있다.

응용

   • 여러 종류의 인형을 만들어 인형극을 해본다.

   • 특정한 주제가 있는 인형을 만든다(토끼와 거북이, 마녀, 산타와 루돌프, 도깨비, 괴물 등).

   • 인형 가족을 만든다.

시도하기와 탐색하기

물론 기대만큼 갑자기
변화되는 건 아니지만 나다운
결정을 내려볼 수는 있겠지!
또 다른 변화를 시도해
보는 건 어떨까,
잃을 건 없잖아?

변화와 성장이 뭐지?

난 내 스스로 결정할 수 있어!
변화할 수도 있어! 난 내가 되고 싶은
사람이 될 수도 있고,
내가 원하는 것을
할 수 있어!

변화와 성장

변화는 매우 두려운 일이란다.
하지만 네가 변화할 마음을 먹고
새로운 행동을 하고 싶다면
먼저, 자신에게 선택권이 있다는 것을 깨달아야 해.
'원한다면 변화시킬 수 있는 힘은 나에게 있다고!'

그러기 위해선 아직 변화되기 이전인
지금의 네 모습을 받아들여야겠지?
무조건적으로 자신을 수용할 수 있는 걸 말한단다.
무조건적인 수용이란
인간이기 때문에 누구나 그 모습,
있는 그대로 존중받아야 하는 걸 말해.
비록 완벽하지 않더라도
존중받을 가치는 누구나 있단다!
다음으로,
지금의 너의 모습 중에 변화하고 싶은 게
무엇인지 생각해보는 거야.

5년 후의 네 모습을 한번 상상해볼까? 5년 이내에 원하는 것을 이루려면 넌 지금 무엇을 해야 할까? 목표에 달성하기 위해 너에게 도움이 될 만한 것들은 무엇이 있을까? 방해가 되는 것은 무엇일까? 모두 직면하고 해결해야 하는 것들이야.

네가 정말로 실현할 수 있는 현실적인 목표부터 만들어야 해. 가끔 뜻대로 되지 않는다고 실망

할 필요는 없어. 그건 아마 네가 너무 빨리 변화를 시도하려 했기 때문일 거야! 목표는 작은 것부터 하나하나 이루어 가는 거란다.

네가 가진 꿈과 바람을 잘 살펴보렴. 그러다 보면
너의 미래 목표가 생겨날 수도 있단다. 네가 바라는 행복한 삶은
네 스스로 만들어 가는 거니까, 너에게 달려 있어!

지지적인 환경 만들기 : 나를 위한 투자!!

네가 변화할 수 있도록 도와주고 격려해줄 사람들과 장소, 물건, 정보 등을 찾는 거야.

너에게 도움이 되는 환경을 점점 확장하고 균형을 잘 맞춰 간다면

넌 그 안에서 스스로 성장하는 법을 배우게 될 거야.

스스로를 긍정적으로 볼 수 있는 일들을 찾아봐.

자아 존중감이 향상되면 다른 사람들에게도 열린 마음을 갖게 될 거고,

곧 너의 사회적 기능도 발전할 수 있다는 거지.

나 자신에게 먼저 멋진 사람이 되는 거야!

넌 소중하니까!

난 날
사랑해.

변화와 성장을 위한 미술 활동

당신이 할 수 있는 일은 변화시키고
그렇지 않은 것들은 그냥 받아들이세요!

1. 자유 연상 본뜨기

- 보다 안전한 방법으로 내면의 감정과 이슈를 표현하는 활동으로, 창의적인 표현 과정을 통한 신체의 이완과 스트레스 감소에 효과적이다.
- 특정 연령이나 대상의 제한 없이 적용할 수 있으며 개인, 집단 모두 적용 가능하다.

재료

흰 도화지(4절), 다양한 모양의 본뜨기

연필, 마커, 색연필, 크레파스 또는 다른 색칠 재료

> 현명한 판단은 경험에서 비롯하지만
> 경험은 판단하지 않는 것에서 시작되지!
> 경험을 통해 배워봐.

진행 방법

1. 연필과 종이를 나누어준다.

2. 바닥 또는 테이블 중앙에 본뜨기 할 것들을 놓아둔다.

3. 원하는 모양 본뜨기를 고르고, 연필로 본뜨기를 따라 그린다.

4. 본뜨기를 사용하여 도안을 만들어내는 다양한 방법들에 관해 설명하고 예를 들어준다.

   - 추상적인 디자인 : 하나의 본뜨기를 사용해 여러 번 겹쳐 그려볼 것

   - 여러 가지 본뜨기를 이용하여 겹쳐 그려볼 것

   - 자유 연상 : 한 개의 본뜨기를 선택해 그리고, 그 모양을 보고 본뜬 대로 세부적 부분이나 배경을 추가해볼 것

5. 마커, 페인트, 크레파스 등으로 도안이나 그림에 색칠하는 방법을 설명해주고 예를 들어준다.

6. 배경 음악을 틀어주거나 아이가 도움을 청할 때 도와준다.

7. 작품을 완성하면 집단 구성원들과 함께 자기 작품에 대해 이야기를 나눠본다. 다음과 같은 주제로 토론해보자.

- 자신의 작품에 대해 느낀 점
- 작업 과정 동안 느낀 점
- 다른 사람들의 작품에 대해 느낀 점

평가

자유 연상 본뜨기는 지역사회 정신건강센터의 임상 현장과 심사, 가석방 상태의 집단 치료 현장에서 모두 사용 가능한, 참석률 100퍼센트를 보이는 성공적인 활동이다. 학습 장애 어린이들을 위한 특수학급이 있는 공립학교 미술 프로그램에도 효과적이다.

특별한 미술 능력 없이 작품을 완성할 수 있기 때문에 위협적이지 않은 활동이다. 하나의 본뜨기만으로도 작품을 완성할 수 있는 활동으로 아이들에게 안전함을 제공하며 보다 쉽게 작업할 수 있게 만든다. 자유 연상 본뜨기는 재미있지만 상상력이 많은 사람들에게는 도전이 될 수도 있다. 열중해서 반복적으로 그려야 하기 때문이다. 주제와 기법을 달리 한다면 본뜨기로 할 수 있는 다양한 활동들은 많다.

●●● **자유 연상 본뜨기 1** : 자신감이 없는 초등 학교 3학년 남학생의 작품입니다. 미술뿐만 아니라 모든 것에 자신이 없는 아동이 흥미를 보이며 집중력을 발휘한 활동이며, 괴물을 상상해냄으로써 두려움과 공격성을 표출한 그림입니다.

●●●● **자유 연상 본뜨기 2** : 이 그림은 초등 학교 5학년 여학생의 작품입니다.

2. 요상한 콜라주

- 파괴와 재창조에 대한 인식의 기회를 제공해주며, 대상을 바라보는 새로운 시각을 자극한다. 재창조 과정을 통해 창의력 향상과 탐색하는 기회를 얻을 수 있다.
- 연령에 상관없이 적용할 수 있으며, 학습 장애 아동들에게 효과적인 기법이다.

재료

흰 도화지(8절 또는 4절), 가위, 풀, 오려도 괜찮은 오래 된 잡지들

진행 방법

1. 준비한 재료를 나누어준다.

2. 잡지들을 훑어보고 사람과 동물을 오리게 한다.

3. 오려낸 사람과 동물 사진에 몸통과 머리를 다시 오려서 서로 바꾸어 조합해본다.

   다음과 같이 조합해볼 수 있다.

   - 여자의 몸에 남자의 머리
   - 남자의 몸에 여자의 머리
   - 여자의 몸에 어린아이의 머리
   - 남자의 몸에 어린아이의 머리
   - 어린아이의 몸에 여자의 머리
   - 어린아이의 몸에 남자의 머리
   - 사람의 몸에 동물의 머리

- 동물의 몸에 사람의 머리

4. 여러 조합들을 시도해본 후, 가장 마음에 드는 조합을 선택해 풀로 도화지에 붙인다.

5. 아이들과 함께 활동하거나 동기 부여를 돕는 예시들과 가능한 조합을 보여줄 수 있다.

6. 아이들이 콜라주를 완성하면 집단 구성원들과 작품을 보며 다음과 같은 주제로 토론해 보자.

- 작업 과정 동안 느낀 점
- 작품에 대해 느낀 점 – 나의 사고와 감정
- 이 작품에 대한 다른 사람들의 느낀 점
- 사람과 동물 사진을 오릴 때 느낀 점
- 집단 전체 작품의 다양성과 차이점
- 신체 인식

삼세판! 뭐든지 세 번은 해보는 거야!

평가

모든 아이들이 즐길 수 있는 작업이다. 아이들은 다양한 조합 과정에서 재미를 느끼고, 이런 재미가 더 다양한 조합을 만들어내는 동기가 된다.

이 활동을 바탕으로 다음과 같은 다양한 콜라주를 응용할 수 있다.

- 다른 종류의 동물 사진들을 오려내어 새로운 동물을 창조해내기
- 눈, 코, 입을 오려내어 '우스꽝스러운 얼굴'로 만들기
- 사람과 동물뿐만 아니라 다른 대상의 사진을 오려내어 그 대상의 일부로 이루어진 창조물 만들기
- 잡지뿐만 아니라 다양한 재질에서 오려낸 것을 통해 촉감에 따른 차이도 느껴보면 좋다.

●●● **요상한 콜라주 1** : 이 그림은 초등 학교 4학년 여학생의 작품입니다.

● ● ● ● **요상한 콜라주 2** : 왕따 문제를 가진 초등 학교 4학년 여학생의 작품입니다. 미워하고 있는 사람들의 모습을 못생긴 얼굴로 표현해내는 것을 즐거워하며, 유머를 사용함으로써 자신의 문제를 자연스럽게 이야기하고, 분노를 보다 안전하게 표현할 수 있게 했습니다.

3. 자유 연상 그림

- 창의성과 상상력을 이용한 자기 표현의 기회로 자신만의 의미를 찾는 경험을 제공한다. 의사 결정 능력 훈련으로 자유롭게 탐구하고 시도하는 과정을 통해 선택과 책임을 느낄 수 있다.
- 모든 대상과 연령에 적용할 수 있지만 동기와 자극이 필요한 학생에게는 어느 정도의 도움을 주는 것이 좋다.

재료

흰 도화지(8절 또는 4절), 연필, 지우개, 색칠할 수 있는 재료들

내 인생은 미스터리야!

진행 방법

1. 준비한 재료를 나누어주고 원하는 것들을 자유롭게 그리고 색칠하게 한다.

2. 그림을 완성하고 나면 친구들과 그림을 공유하고, 다음 주제로 토론해보자.

  - 자신의 작품에 대해 무엇을 느끼는지
  - 작업 과정 동안 무엇을 느꼈는지
  - 다른 사람들은 이 작품에 대해 무엇을 느꼈는지
  - 작품에 제목을 붙인다면(제목을 그림의 뒷면 또는 아래에 적어보기)
  - 주제를 택한 이유는 무엇인지

평가

아이들은 자신만의 상징적인 이미지를 창조해냄으로써 정서적 긴장을 풀고, 내면의 갈등을 해소할 수 있다. 동시에 자유 선택 활동으로 억압된 감정들이 쌓이는 것을 막아준다.

●●●● **자유 연상 그림** : 학습 장애를 가진 초등 학교 4학년 남학생이 문제 행동으로 교장실에 보내졌을 때 그린 그림입니다.

4. 모눈종이 디자인

- 모눈종이라는 새로운 재료를 사용함으로써 상상력과 실험정신을 자극할 수 있고, 소근육 운동 촉진과 사실적 표현 강화의 효과를 얻을 수 있다.
- 대부분의 대상들에게 적용할 수 있는 활동이다.

재료

다양한 크기의 모눈종이

연필, 지우개, 마커, 크레파스, 색연필

진행 방법

1. 준비한 재료를 나눠준다.

2. 모눈종이에 원하는 그림을 그리고 원하는 대로 색칠을 한다.

3. 문자나 그림 도안을 할 때 모눈종이의 선을 사용하는 법에 대해 알려주어야 한다.

4. 바느질, 융단 만들기, 뜨개질과 같은 작업을 계획하는 데 필요한 모눈종이 사용법을 알려주고, 활용하는 법을 예를 들어 설명해줘도 좋다.

5. 작품이 완성되면 친구들끼리 돌려보며 다음과 같은 주제로 토론해보자.
   - 자신의 작품에 대해 느낀 점
   - 작업 과정 동안 느낀 점
   - 모눈종이의 장점과 단점

평가

모눈종이는 학생들에게 무엇을 해보고 싶게 하는 동기 부여가 된다. 학생들은 디자인을 반복하면서 실험하는 것을 지치지도 않고 즐겼다. 눈금 선을 따라 디자인을 완성할 수 있는 모눈종이의 구조적 방식은 안정성이 필요한 아이들에게 효과적이다. 물론 그 선들을 무시하거나 다른 용도로 사용하는 아이들도 있다.

응용

모눈종이 디자인을 하다 보면 종이가 미로처럼 어지럽게 보일 수 있다. 그럴 때는 종이를 바꾸어주면 된다.

- 이름 디자인을 하기 위해 모눈종이를 사용할 수 있다.
- 모눈종이는 특히 지도를 만들거나 집이나 건물 설계를 할 때 유용하다. 아이들은 자신의 집을 어떻게 만들어 볼지 설계하거나 놀이공원 등을 디자인할 수 있다.
- 모눈종이에 '내가 꿈꾸는 집'을 디자인해본다. 이 작업은 초등 학교 미술 활동으로 아주 적당하다. 학생들에게 자신이 꿈꾸는 집을 계획하면서 즐거운 상상과 환상의 세계로 여행을 갈 수 있도록 한다.

히히… 이제 보니 모눈종이 위에 그리면 어려운 별도, 차도 쉽게 그릴 수 있겠는걸.

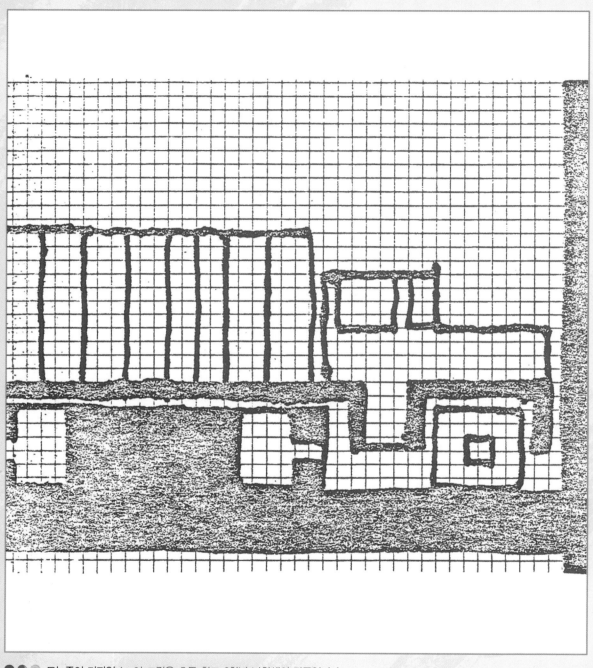

● ● ● 모눈종이 디자인 1 : 이 그림은 초등 학교 6학년 남학생의 작품입니다.

● ● ● ● **모눈종이 디자인 2** : 이 그림은 초등 학교 6학년 남학생의 작품입니다.

5. 상상의 성 만들기

- 구체적 표현물을 만들어내는 창조적 과정을 통해 자기 개념을 형성시키고, 상상력과 창의성을 표현할 수 있는 기회를 제공한다. 상상력을 자극하며 상호 작용, 토론, 신뢰를 통한 집단 관계가 형성된다.
- 이 활동은 모든 연령층의 어린이에게 효과적이다.

재료

배경으로 사용할 흰 도화지(4절)

성 본뜨기로 사용할 두꺼운 도화지(미리 만들어 놓아도 좋고 자신만의 성 본뜨기를 만들어도 좋다.)

연필, 지우개, 마커, 크레파스, 색연필 또는 다른 색칠 재료

진행 방법

1. 성, 왕, 여왕, 궁중 생활, 연못, 용, 성 입구로 들어가는 다리 등에 관해 이야기하면서 나만의 성을 상상해보도록 한다.

2. 미리 준비한 재료와 성 모양 본들을 나눠준다. 준비된 모양 본 외에 자신이 원하는 모양 본을 만들거나 종이에 직접 성을 그려도 좋다고 말한다.

3. 연필로 성의 외각을 그린다. 창문, 탑, 다리, 동물, 용, 왕족 등 원하는 만큼 추가해서 그린다.

4. 성을 색칠한다. 돌 벽과 같은 재질을 표현하는 방법을 알려줌으로써 성을 더 잘 꾸밀 수 있게 해주며, 성을 만드는 작업에 함께 참여할 수도 있다.

5. 작품을 완성하면 다 함께 감상한 뒤 다음과 같은 주제로 토론해보자.
   - 자신의 작품에 대해 느낀 점

- 작업 과정 동안 느낀 점
- 왕 또는 여왕이 되면 어떤 느낌이 들지

평가

동화와 성에 관한 주제는 아이들에게 높은 동기를 갖게 해준다. 이 활동은 초등학생들에게 매우 성공적이었다.

응용

- 모눈종이 등을 이용해 성의 평면도를 만든다.
- 종이와 박스를 이용하여 입체적인 성을 만든다.
- 성에 살고 있는 왕족이나 가문의 상징 문장을 만들어 깃발을 디자인한다.
- 용을 그린다.
- 집단 구성원이 함께 성, 용, 기사, 그리고 요정을 넣어 집단 벽화를 만든다.

저는 저기 저 성에서 살고 있는 예쁜 공주랍니다. 호호호!

●●● **상상의 성 만들기 1** : 공격 성향이 있는 초등 학교 3학년 남학생의 작품입니다. 부정적인 감정과 공격성을 아동이 원하는 방식이면서 보다 안전하고 건강하게 승화시킬 수 있었던 활동입니다.

● ● ● ● **상상의 성 만들기 2** : 학업 스트레스를 가진 초등 학교 5학년 여학생의 작품입니다. 자신을 성 안에 갇힌 공주로 표현함으로써 자기를 둘러싼 환경을 투사하면서 재밌는 상상력을 발휘한 그림입니다.

6. 미완성 그림

- 과제 해결을 위한 활발한 자유 연상을 유도할 수 있으며, 머릿속의 이미지를 시각적으로 표현하게 할 수 있는 좋은 기회다. 또한 시도하고 상상하고 탐색하는 과정을 순차적으로 시행함으로써 창의력을 자극한다.
- 이 활동은 모든 대상에게 적용 가능하다.

재료

흰 도화지(8절 또는 4절), 연필, 지우개, 마커, 크레파스, 그 밖의 색칠 재료

진행 방법

1. 준비한 종이에 검은색 마커로 간단한 선이나 모양을 미리 그려 나누어준다.
2. 그려진 선이나 모양 위에 자신이 원하는 모양이나 선을 덧그린다.
3. 상상력을 발휘해 주어진 선이나 모양을 자신만의 그림으로 완성시킨다.
4. 종이를 다양한 방식으로 보면서 '그릴 수 있는 모든 모양이나 선'에 대해 생각해보고 떠오르는 이미지대로 표현한 뒤 색칠한다.
5. 작품이 완성되면 집단 구성원들끼리 감상한 뒤 다음과 같은 주제로 토론해보자.
    - 자신의 작품에서 느낀 점
    - 다른 사람의 작품에서 느낀 점
    - 작업 과정 동안 느낀 점
    - 창의성과 상상력

이 활동은 아이들에게 도전과 성취감을 느끼도록 해준다. 주어진 선과 모양으로 연상되는 형상을 만들어본다거나, 상상 인물 또는 괴물과 같은 특정 주제로 만들어보는 것도 좋다. 참여할 수 있는 인원이 많다면 제한 시간을 주고 전체가 돌아가며 선과 모양을 더하는 것도 좋은 응용이 될 수 있다.

●●●● **미완성 그림** : 이 그림은 초등 학교 3학년 여학생의 작품입니다.

7. 종이봉투 얼큰이 인형

- 상상력을 발휘해 마음속의 이미지를 실제로 옮기고, 재료를 다루어 입체적으로 만들고, 서로 도와주고, 지시에 따르고, 구조적으로 조직하고, 시도해보고, 스스로를 상징적 방법으로 표현하는 등 모든 창조 과정에 참여시키는 데 효과적이다.
- 모든 대상에게 적용 가능하다.

재료

갈색 종이 봉투 포장지

연필, 지우개

풀, 스테이플러, 테이프, 가위

다양한 색상의 색도화지 또는 색종이

마커, 크레파스나 다른 색칠 도구들

책상 위에 올려놓고 개인 쓰레기통으로 사용해 보세요.

진행 방법

1. 준비한 재료를 나누어준다.

2. 종이봉투에 아래 그림처럼 적당한 크기의 구멍을 오려낸다.

⚠ 봉투 끝에 입을 만들면 눈을 위한 공간이 없어지므로 유의한다.

3. 마커와 색종이를 이용하여 눈, 코, 속눈썹, 이, 팔, 다리, 옷 등을 그리고 붙여 원하는 모양의 인형을 만든다.

4. 봉투의 제일 윗부분을 접어서 스테이플러로 찍는다. 머리 부분 가장자리에 모자를 만들 수도 있다.

5. 인형을 완성하고 나면 전시를 하거나 토론을 해본다. 자신이 만든 창작물에 이름을 짓고, 이름을 직접 봉투에 쓰거나 이름표를 만들어도 좋다. 다음과 같은 주제로 토론해보자.

   • 자신과 다른 사람의 작품에 대해 느낀 점

   • 작업 과정 동안 느낀 점

   • 작품을 어떻게 사용할 것인지(즉, 방이나 집의 쓰레기통으로 장난감, 사탕, 미술재료 등을 담는 용도 등)

평가

이 기법은 아이들이 재미있어 하는 활동으로, 자화상을 만들어본다거나 다양한 이미지의 캐릭터를 만들어보는 것도 좋다. 도깨비나 마녀, 괴물과 같은 무서운 인형 또는 선녀나 요정 같은 긍정적인 이미지 등 이미지의 차별성을 통해 상상을 시각화하는 효과를 얻을 수 있다.

더 자세히 들여다보기

물감

알면 도움이 되는 다양한
이론이나 미술 활동에 대해
소개했어요.
많은 도움이 되길 바래요.

심리적 영감과 생각들

대화하기

A. 들을 때는

1. 그 사람을 평가하지 말고 있는 그대로 경청한다.

상대방의 입장이 되어보도록 노력한다. 내가 그 사람이라면 어떤 느낌이 들지 공감해본다. 그 사람이 가지고 있는 방식대로 세상을 보려고 노력하는 것이다.

2. 이야기하는 사람의 관점을 수용하고 다시 반영해준다.

상대방의 생각뿐만 아니라 감정과 욕구도 정확하게 이해하는 것이다. 상대방의 생각에 동의하지 않더라도 그 사람의 경험과 생각을 이해하고 반영할 수 있다는 것을 명심해라. "그러니까 너는 사형제도를 반대한다는 거구나!"라고 말하는 것처럼 의견에 동의하지 않고도 상대방의 말을 이해하고 있음을 반영할 수 있다.

3. 내가 상대방의 말을 정확히 공감하고 이해하고 있는지에 대해 확인한다.

> 그림으로 아이들의 마음을 읽어내기란 쉽지 않은 거 같아. 하지만 아이들의 눈을 봐봐! 그들이 무얼 생각하고 있는지 뭔가힘든지 알고 싶지 않니?

B. 말할 때는

1. 상대방이 내 이야기를 집중해서 듣고 있는지 확인한다.

2. 나의 주관적인 입장에 관해 이야기한다. 상황의 옳고 그름을 판단하는 것이 아니라, 당신의 주관적인 시각을 이야기 하는 것이다.

내가 무엇을 느끼고 있으며 상대방에게 원하는 것이 무엇인지 분명히 밝히도록 한다. 자신의 의견을 질문형으로 말하지 말고 직접적으로 표현하자. 예를 들어 "네가 할 일을 좀 더 열심히 해야 되지 않겠니?" 보다는 "난 네가 좀 더 열심히 일을 했으면 좋겠어."로 표현하는 게 좋다.

3. 상대방이 내 말을 이해했는지 확인해본다.

C. 듣기와 말하기가 서로 잘 이루어지고 있을 때

이 경우 필요한 아이디어를 교환하는 것으로 상황을 진전시킬 수 있다. 이때 상대방의 아이디어에 귀를 기울여야 한다. 서로 동의할 수 있는 해결점을 찾게 되면 다음 단계로 넘어갈 수 있는 계획을 세워볼 수 있다.

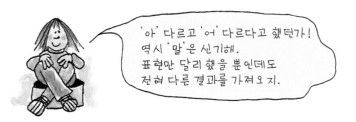

'아' 다르고 '어' 다르다고 했던가!
역시 '말'은 신기해.
표현만 달리 했을 뿐인데도
전혀 다른 결과를 가져오지.

자기비하와 맞서기

1. 자기 비하는 스스로를 무능하고, 바보 같고, 나쁘고, 형편없고, 변화할 능력이 없다고 믿게 만든다.

2. 자기 비하는 문제에 맞서 해결하기보다 부정, 방어, 공격을 사용해 자신을 방어하는 데 모든 에너지를 쓰게 만든다.

3. 자기 비하는 상처받기 쉬워서 작은 실수라도 두려워하기 때문에 실험적이고 도전적인 마음가짐과 진정한 삶을 피하게 한다.

4. 자기 비하는 자신을 성숙한 어른이 아닌 어린아이의 모습으로 머물러 있게 한다. 신중하고 깊고 성숙된 가치에 따라 살기보다는 자기 처벌에 따라 행동하게 한다.

5. 자기 비하는 틀리고 잘못된, 나쁘고 바보스러운 것들을 혼란스럽게 만들어 그렇게 행동하도록 개인의 본질을 흐려놓는다. 본질이 흐려지면 희망도 없어진다. 나의 본질을 변화시킬 방법은 무엇이 있을까?

6. 최선의 방법이 무엇인지 알려주는 기준은 어디에도 없다. 대부분의 종교는 인간의 행동이 사악해도 모든 인간은 존중받을 가치가 있다고 말한다. 각 문화마다 가치를 두는 것은 다르다. 어떤 문화에서는 경제적인 성공이, 어떤 문화에서는 도덕적인 사람이, 또 다른 문화에서는 예술적인 능력이 가치 있다고 여겨질 수 있다. 이러한 기준은 정해져 있지 않다.

7. 좋은 의도로 시작한 행동이 설사 나의 약점, 무지함, 잘못된 판단, 정서적인 문제 등으로 잘못되더라도 스스로를 비난하고 거기에 매달릴 필요는 없다. 내가 오직 할 일은 문제 요인을 분석해 변화시키거나 그렇지 못하더라도 살아갈 다른 방법을 발견하는 것이다.

8. 의도적으로 잘못된 행동을 하더라도 스스로를 나쁜 사람이라고 여기는 것은 '나도 변화될 수 있다'는 확신을 점점 약하게 만든다. 내가 할 일은 달라질 수 있는 방법을 알아내고 행동에 옮기는 것이다.

9. 거절당했다 하더라도 괜찮다. 누군가 혹은 모두가 나를 좋아하지 않거나 함께 하지 않는다고 해서 내가 나쁜 사람이 되는 것은 아니다. 더 많은 사람들이 나를 좋아해 주기 바란다면 적대적이지 않고 사교적으로 행동하는 방법을 찾아내면 된다. 오히려 사람들에게 인정받는 것에서 자유로워지고 스스로를 인정한다면 진정한 나의 존재를 발견할 수 있다.

10. 누군가 나를 비판한다면 스스로에게 물어보자. "이 비판이 정확한 것일까 아닐까?" 만일 비판의 내용이 맞더라도 자신을 비하할 이유는 없다. 먼저 인간은 누구나 결점을 가지고 있다는 것을 스스로에게 말해야 한다. 그런 다음 지금 이 결점을 극복하길 원하는지에 대해 생각해본다.

11. 다른 사람이 나의 의견을 반대한다고 해서 내가 잘못한 것은 아니다. 사람들이 가지고 있는 가치는 모두 다르다. 내가 가지고 있는 가치관과 다른 사람의 가치관이 다르다면 의견도 동일할 수 없다.

12. 만약 나를 나의 행동, 성공과 실패, 다른 사람들의 태도만을 가지고 평가한다면 한 사람으로서의 나의 가치는 주식시장의 거래 가격보다 변동이 심할 것이다. 어떻게 방금 한 시간 전까지 'A'였던 사람이 그 다음엔 'B'로, 그 다음 날엔 'F'로 될 수 있겠는가? 이런 일은 절대 있을 수 없다. 감정 변동을 심하게 유발시키는 불합리한 사고는 이제 그만하는 게 어떨까? 나의 행동이 곧 나를 의미하진 않는다. 나는 다른 사람들이 말해주는 것이 아니다. 어제도 오늘도 앞으로도 나는 나일 뿐이다.

13. 실수는 어디에나 있는 법, 완벽하지 않아도 된다. 이것은 자연의 섭리이다. 우리가 완벽할 수 있으려면 그렇게 태어나야 한다. 그보다 우리는 계속해서 배워 나가고, 성장해 나가는 존재이다. '완벽'이라는 불변의 목표에 이를 수 있다고 기대해선 안 된다. 우리는 스스로를 발견한 바로 그곳에서 시작해서, 나아가야 한다. 인간은 누구에게나 주어진 임무가 다양하고 다르다. 다른 사람들과 자신을 비교하는 일은 의미가 없다.

자기 연민과 맞서기

1. 어떤 것을 원한다고 해서 반드시 그것을 다 가져야만 하는 것은 아니다. 세상이 당신의 법칙이나 기대대로 움직여주진 않는다. 좋을 때가 있으면 나쁠 때도 있다는 것을 받아들이는 편이 지혜롭다.

2. 내가 할 수 있는 일은 세상에 대한 불평이 아니라 내가 원하는 결과를 얻기 위해 열심히 노력하는 것이다. 기꺼이 내가 처한 상황을 받아들여야 한다. 세상이 나에게 해줄 수 있는 건 아무것도 없다(삶이 항상 공평한 것은 아니다).

3. 다른 사람들이 나의 기대를 따라 주리라 생각하는 것은 착각이다(사람들은 자신의 삶을 살아가는 것만도 충분히 힘들다!). 다른 사람들을 대하는 현실적인 방법은 다음과 같다.
   a) 상황을 있는 그대로 받아들이고
   b) 최대한 건설적인 영향을 주는 방향을 모색하거나
   c) 아니면 그 상황에서 빠지는 것이다.
   상대방으로부터 내가 원하는 것을 얻을 수 없거나, 또 그 사람의 가치관이 나의 것과 다르다고 해서 그 사람을 판단하거나 비난해서는 안 된다. 이런 행동은 나와 상대방의 사이를 불편하게 만드는 것 외에는 아무런 도움이 되지 못한다.

4. 삶에서 꼭 필요하지 않은 것도 있다.

- 나에게 어떤 특정한 직업이나 동료가 꼭 필요한 것은 아니다.
- 나에게 지위를 상징하는 화려한 옷이나 값비싼 집 같은 것들이 꼭 필요한 것은 아니다.
- 나에게 다른 사람들의 사랑과 인정이 꼭 필요한 것은 아니다.
- 이와 같은 것들은 갖고 싶은 것일 뿐, 그것 없이도 삶을 잘 꾸려나갈 수 있다.

5. 삶을 살아가는 동안 좌절과 실망은 항상 존재한다. 어쩌면 거의 매일 찾아올 수도 있다. 좌절 없는 삶을 원하는가? 지구에서는 불가능하다.

6. 당신에게 일어난 많은 일들에 후회하고, 실망하며 슬퍼할 때도 있다. 슬픔과 실망을 겪고 난 뒤 다시 마음의 평정을 찾기도 하지만 일어나지 말았어야 하는 비극이고 견디기 어렵고, 끔찍한 일이었다고 자신에게 말하기도 한다. 만일 당신이 후자에 속한다면, 스스로 자신의 머리를 벽에 던지는 것과 같다. 처음 느꼈던 실망감에 계속 좌절만 한다면 자기 연민을 느끼게 되고, 계속 그 일에 마음이 쓰여 떨쳐버릴 수 없게 될 것이다.

7. 자기 연민은 당신으로부터 사람들을 멀어지게 한다. 좀 더 건설적으로 생각하고 원하는 바를 얻기 위해 노력하는 것에 확고해져야 한다. 일반적으로 사람들은 온화하면서도 신념이 확고한 사람들을 좋아한다.

미술에 대한 마음가짐

만화를 그릴 수 있으려면, 우리는 먼저 '나는 만화를 그릴 수 없다'라고 스스로를 제한하는 것에서 부터 벗어나야 한다. 많은 사람들이 그림 그리는 것을 두려워하는 이유는 자신이 그림을 잘 그리지 못한다고 생각하기 때문이다. 웬일인지 사람들은 자신이 그림을 잘 그리는지 못 그리는지에 대해 집착한다. 그림을 잘 그릴 수 있는 사람이 있으면 못 그리는 사람도 있는 법이다. 이런 사실은 중요하지 않다. 중요한 것은 우리 모두는 원래 그림 그릴 수 있는 능력을 가지고 태어난다는 것이다. 그림 그리기를 두려워하는 것은 모두 학습된 것이다.

아이들이 처음 크레파스를 잡을 때를 생각해보라. 자신의 손이 움직이는 대로 흔적을 남길 수 있다는 발견에 흥분하며 온 벽과 바닥, 천장에 낙서하기를 매우 즐거워한다. 원래 우리는 그림에 대한 두려움이 아니라 오직 기대와 호기심으로 시작했다는 것을 기억하자. 이때는 자신의 작품이 얼마나 훌륭할지에 대해 걱정하지 않아도 됐다. 그러나 자라면서 우린 불행히도 그림을 그리고 재미있어 하던 어릴 적 마음을 잃어갔다. 실수가 두렵다는 것을 배우게 되면서 무엇을 창조해낸다는 것이 부담스러워진 것이다. 대부분의 부모님과 학교 교육은 있는 그대로의 자신의 모습을 보여주는 것에 죄책감을 느끼도록 교육하므로 우리는 실수하는 것에 대한 죄책감을 가지고 있다.

그러므로 만화를 그리기 위해선 어릴 적 본연의 마음으로 돌아갈 수 있는 새로운 방식의 경험이 필요하다. 무엇을 한다는 것 자체로 즐거운, 그런 일을 찾아야 한다. 온전히 나만을 위한 시간을 갖는 것이다. 연필이나 크레파스를 가지고 노는 것부터 시작하자. 결과를 만들어내려 하지 말고 그리고 창조하는 과정 자체를 즐기도록 노력해라. 손이 움직여지는 대로 낙서하고, 신체가 만들어내는 선과 모양 감각 속에 머물러보는 것이다. 작품의 결과에 대해 비평하는 것이 아니라 그 경험이 의미하는 바를 볼 수 있어야 한다. 그렇게 되면, 미술을 하기 위한 올바른 마음가짐이 준비될 것이다.

결과보다는 과정 자체를 즐길 수 있는 마음가짐은 그림 그리기뿐만 아니라 우리 삶에서도 두려움 때문에 스스로를 제한하는 다른 일들에 도전할 수 있는 자세가 된다. 원한다면 어린 시절의 아이처럼 놀이의 즐거움을 다시 발견할 수도 있다. 하지만 그러기 위해선 오랜 시간 동안 '완벽', '성장', '성공'을 위해 교육받았던 것들을 잊어야 할 것이다. 이상하게도 우리 사회에서 어른이 된다는 것은 놀이의 즐거움과는 멀어진다는 의미가 돼버린 것 같다. 어른들에게 놀이란 스포츠 같은 활동만 허용된다. 하지만 이마저도 승자나 패자를 가리거나 품위를 유지하기 위한 목표 중심적 활동일 뿐이다. 활동 자체를 즐기기보다 목표를 성취하거나 결과를 얻으려는 동기가 숨어 있다. 놀이를 배우는 것은 건강하고 순수한 즐거움을 찾을 수 있다. 미술 활동은 과정 그 자체를 즐길 수 있는 좋은 놀이가 된다.

그림 그리는 법 -by P. J. Furrer

A. '보는' 법부터 배울 것

그리는 법을 배우는 첫 번째 단계는 보는 법을 익히는 것이다. 주변 사물을 제대로 인식하고 관찰할 수 있는 시간을 가져야 한다. 앞서 언급한 대로 미술에 대한 새로운 마음가짐을 받아들였다면, 진정한 경험을 하기 위해 노력해야 한다. 즉 주어진 그대로 받아들이는 것이 아니라 내 주변의 환경을 처음 본 것인 양 면밀히 관찰해보는 것이다.

마루, 의자, 나무, 차, 사람들의 얼굴… 마치 전에 본 적이 없는 것처럼 새롭게 느끼거나 달라 보여도 놀랄 필요는 없다. 무언가를 열심히 관찰했을 때 사람들은 종종 그것이 새롭게 느껴지는 경험을 하기도 한다. 이런 낯선 느낌은 평소 친숙했던 사물이나 사람들에 대해서는 잘 안다고 생각하기 때문에 생겨난다. 실제로 우리는 대부분 불확실한 기억에 의존한다. 학생들에게 미술을 가르치다 보면 이런 경우를 잘 알 수 있다. 사람을 보고 그릴 때 학생들은 지금 눈앞에 있는 사람을 관찰하는 데 집중하기보다 자신이 알고 있는 사람을 그리려고 한다. 그래서 눈앞에 손가락이 세 개인 사람이 있을지라도 자신이 알고 있는 대로 손가락 다섯 개를 그리려고 한다.

보는 능력을 향상시키는 좋은 연습은 스누피나 키티 같은 단순한 디자인의 만화 캐릭터를 따라 그려보는 것이다. 그림은 선과 모양으로 이루어져 있다는 것을 명심하고 선을 따라 어떤 모양을 연결되는지를 연습해본다. 따라 그리기에서 가장 어려운 부분은 선과 모양을 적당한 크기가 되도록 비율 잡는 것을 익히는 것이다.

B. 비율 잡기를 연습할 것

비율 잡기는 눈과 손의 협응 능력을 능숙하게 해주므로 연습을 할수록 실력이 늘어난다. 비율을 연습하는 과정은 선과 모양을 자세히 관찰하기 때문에 보는 능력을 향상시키는 데 도움이 된다. 관찰한 대로 따라 그리는 것은 그리는 과정 자체에 나의 전부를 집중시키므로 자신이 활동 과정의 일부가 되는 경험을 얻을 수 있다. 여기에는 엄청난 에너지가 소요되기 때문에 따라 그리기를 한 뒤 지치더라도 놀라지 마라.

C. 모방은 창조의 시작

앞에서 언급한 대로, 따라 그리기는 자세히 관찰하고 그대로 그리는 과정을 통해 손과 눈의 협응 능력을 발달시키는 중요하고 유용한 연습이 된다. 많은 사람들이 따라 그리기는 남의 것을 훔치는 것이라고 생각한다. 만약 따라 그린 작품을 전부 당신 스스로 그린 것이라고 말한다면 그건 훔치는 것이 맞다. 특히 만화 캐릭터에는 그 작가의 저작권이 있으므로 법적인 문제가 될 수도 있다.

여기서 따라 그리기는 그림의 인식과 조정 기술을 개발하고 확장하기 위한 연습 방법의 일종임을 염두에 두자. 그래서 원본과 그림이 비슷해질수록 우리는 자신의 관찰과 그림 기술이 늘어났다는 사실에 자랑스러워 할 수 있는 것이다. 창조의 시작은 모방이니까!

D. 만화 만들기

자, 이제 준비가 되었으면 관찰하고 연습한 것을 응용해 나만의 만화를 만들어보자!

우선 주변사물을 잘 관찰하고, 그 사물의 비율을 잘 잡은 뒤, 다른 사람의 그림을 따라 그려봐. 그러면 '나만의 그림'을 그릴 수 있을거야!

그림 그리기와 활용

나는 선생님을 항상 따르겠습니다.

선생님은 항상 옳다.

선생님은 최상의 해결책을 알고 있다.

미술 교육 자료-아이디어, 힌트

● 영감을 주는 자료들

- 교통(수송)
- 동물
- 안전
- 애완동물
- 날씨
- 휴가
- 계절
- 공휴일
- 가족
- 이웃
- 친구
- 학교 활동
- 취미
- 지역
- 음식
- 건강
- 기계
- 자연 환경
- 도구
- 동화

- 아동 문학
- 책
- TV 스페셜
- 학과목과 관련된 것
- 잡지
- 음악
- 스포츠
- 놀이
- 학교 프로그램
- 연극
- 영화
- 댄스
- 클럽
- 신문
- 환경
- 패브릭(천)
- 복장(민속 의상)
- 박물관
- 시사 문제

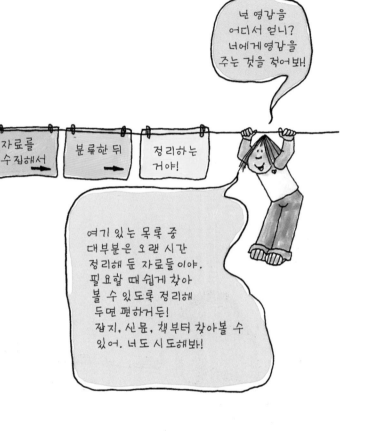

넌 영감을 어디서 얻니? 너에게 영감을 주는 것을 적어봐!

자료를 수집해서 → 분류한 뒤 → 정리하는 거야!

여기 있는 목록 중 대부분은 오랜 시간 정리해 둔 자료들이야. 필요할 때 쉽게 찾아 볼 수 있도록 정리해 두면 편하거든! 잡지, 신문, 책부터 찾아볼 수 있어. 너도 시도해봐!

다양한 미술 매체

도대체 무슨 재료가
이렇게나 많은 거야!

1. 가구
2. 가정용품
3. 가죽 공예
4. 거품
5. 건축 모형
6. 게임
7. 골드와이어
8. 구리 – 수제품
9. 구리 – 칠보
10. 그래피티
11. 금세공, 금공예
12. 금속 – 공예
13. 금속 – 스피닝
14. 금속 – 조각
15. 금속 – 커트러리
16. 금속판
17. 깃발
18. 깃털
19. 꽃
20. 꽃무늬 디자인
21. 니들포인트
22. 단조
23. 대리석 공예
24. 덮개
25. 도예
26. 도예 – 도기
27. 도예 – 석기
28. 도예 – 소금
29. 도예 – 실용품
30. 도예 – 예술품
31. 도예 – 자기
32. 도예 – 조각
33. 도예 – 조형

34. 도예–토기
35. 도자기
36. 돌
37. 드로잉
38. 등나무 의자
39. 뜨개질
40. 러그 만들기
41. 러그 – 기타
42. 러그 – 넝마
43. 러그 – 뜨개
44. 러그 – 블레이디드
45. 러그 – 직조
46. 러그 – 프린트
47. 레이스
48. 로즈메일링
49. 로즈페인팅 – 노르웨이
50. 리넨
51. 리스
52. 마른 꽃
53. 마크라메
54. 메모리 박스
55. 모래
56. 모자이크
57. 모피
58. 목각
59. 목공예
60. 목상감
61. 목선반
62. 목세공
63. 무기
64. 밀가루 반죽
65. 바구니 짜기
66. 바느질

67. 바틱
68. 박스
69. 방적
70. 배너(현수막)
71. 보석 세공
72. 비즈플라워
73. 사진
74. 새기기
75. 서예
76. 석고 공예
77. 석화
78. 섬유
79. 섬유 – 기타
80. 섬유 – 바틱
81. 섬유 – 실크스크린
82. 섬유 – 핸드프린트
83. 섬유 – 홀치기염
84. 성탄 공예
85. 수공예
86. 슬레이트 에칭
87. 시계
88. 시계 – 장식품
89. 시리즈 장식
90. 실
91. 실루엣
92. 실버와이어
93. 씨앗 공예
94. 아플리케
95. 악기
96. 액자
97. 양초
98. 에나멜
99. 염료

100. 외관 장식
101. 유리
102. 유리 녹이기
103. 유리 불기
104. 유리 염색
105. 유리 조각
106. 은공예
107. 은세공
108. 인형
109. 인형극
110. 인형 – 바늘
111. 인형 – 사과
112. 인형 – 옥수수
113. 인형 – 조각
114. 인형 – 집
115. 인형 – 헝겊
116. 자수
117. 장난감
118. 장식 미술
119. 장식 조명
120. 장식품
121. 장식품 – 에그(egg)
122. 장식품 – 핸드페인트
123. 전통 양식
124. 조각
125. 종이 공예
126. 종이접기
127. 종이 찰흙
128. 주얼리
129. 지도학
130. 직조
131. 창문 – 크리스털, 유리
132. 천연 염료

133. 천연 재료
134. 카딩
135. 칼
136. 코바늘뜨기
137. 콜라주
138. 퀼트
139. 크리스마스 장식
140. 크리스마스 트리
141. 태피스트리
142. 털실
143. 판화(인쇄)
144. 패치워크 – 베개
145. 페인팅
146. 편지지
147. 포슬린 페인팅
148. 포일
149. 포장
150. 합금
151. 합성 염료
152. 현수막
153. 홈공예
154. 홈공예 – 기타
155. 홈공예 – 등(조명)
156. 홈공예 – 브러시
157. 홈공예 – 비누
158. 홈공예 – 쿠키 모양

✳ 용어 설명은 162쪽 참조

고정시키는 다양한 방법

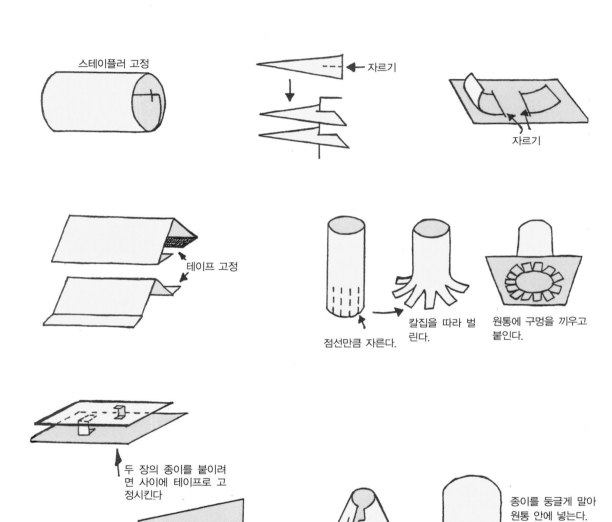

스테이플러 고정

자르기

자르기

테이프 고정

점선만큼 자른다.

칼집을 따라 벌린다.

원통에 구멍을 끼우고 붙인다.

두 장의 종이를 붙이려면 사이에 테이프로 고정시킨다

종이를 둥글게 말아 원통 안에 넣는다.

직사각형으로 정사각형 만들기

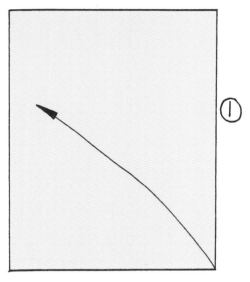

ⓐ 직사각형 종이를 준비한다.
ⓑ 종이 오른쪽 아래 모서리를 왼쪽 옆선에 맞추어 접는다.

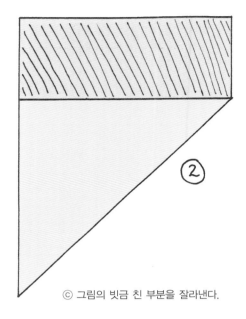

ⓒ 그림의 빗금 친 부분을 잘라낸다.

ⓓ 정사각형이 완성된다.

● 정사각형으로 원 만들기

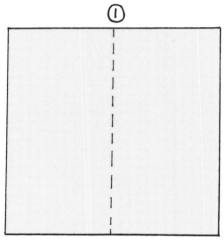

ⓐ 종이를 반으로 접는다.

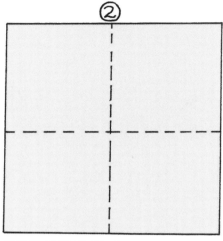

ⓑ 한 번 더 반으로 접는다.

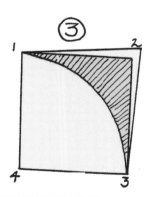

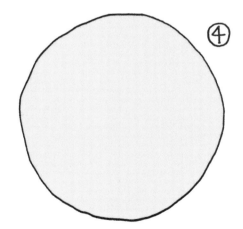

ⓒ 접힌 종이를 잘 잡는다.
ⓓ 접힌 각 모서리에 표시를 한다.
ⓔ (막힌 면이 아닌) 열린 면을 확인하고, 1번에서 3번을 잇
　는 곡선을 그린다.
ⓕ 곡선을 잘라낸다.

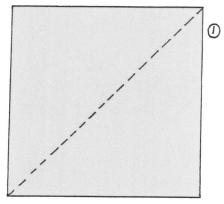

① ⓐ 정사각형 종이를 대각선으로 반 접는다.

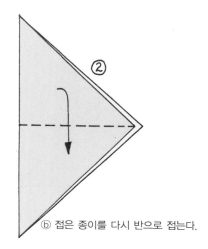

② ⓑ 접은 종이를 다시 반으로 접는다.

ⓒ 3번, 4번 그림과 같이 3등분이 되도록 접는다.

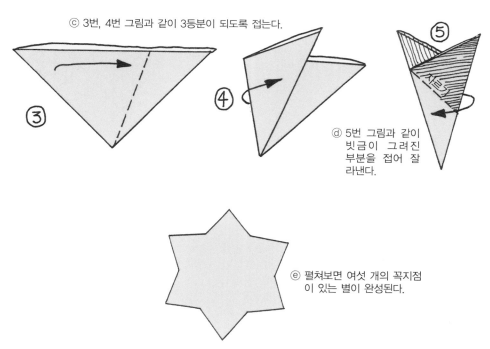

③ ④ ⑤

자르기

ⓓ 5번 그림과 같이 빗금이 그려진 부분을 접어 잘라낸다.

ⓔ 펼쳐보면 여섯 개의 꼭지점이 있는 별이 완성된다.

입체 별 만들기

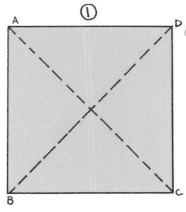

ⓐ 정사각형의 종이
를 양쪽 대각선
으로 두 번 접었
다가 편다.

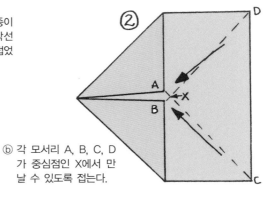

ⓑ 각 모서리 A, B, C, D
가 중심점인 X에서 만
날 수 있도록 접는다.

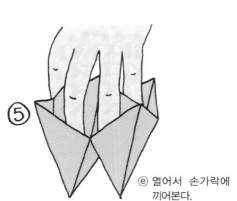

ⓒ 접은 모양이 그림과
같은지 확인한 후 뒤
집어서 내려놓는다.

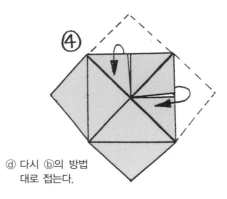

ⓓ 다시 ⓑ의 방법
대로 접는다.

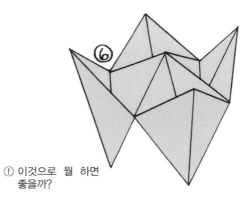

ⓔ 열어서 손가락에
끼어본다.

ⓕ 이것으로 뭘 하면
좋을까?

● 종이 엮기

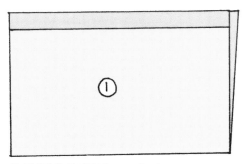

ⓐ 직사각형 종이를 반으로 접는다.
ⓑ 2.5∼5㎝ 정도 여유를 두고, 붉은 펜으로 선을 긋는다.
ⓒ 붉은 선 위에 2.5㎝ 간격으로 표시한다.

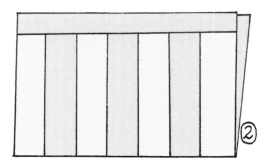

ⓓ 붉은 선에 표시한 점을 기준으로 아래쪽으로 길게 선을 그은 후 선대로 자른다.

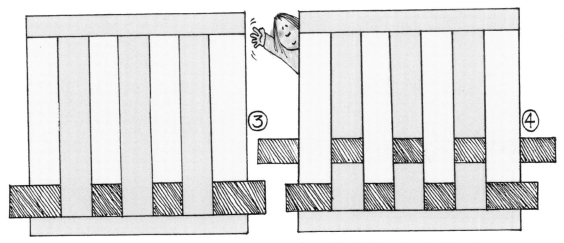

ⓔ 종이를 펼친 후 맨 밑에서부터 엮기 시작한다.
ⓕ 다음 줄은 반대로 엮는다.

ⓖ 각 줄을 꼼꼼하게 내리며 맨 위까지 엮는다.
ⓗ 각 줄 끝에 남는 부분을 적당히 남기고 뒤로 접어 풀로 고정시킨다.
ⓘ 옆 가장자리의 남은 종이 부분을 정리한다.

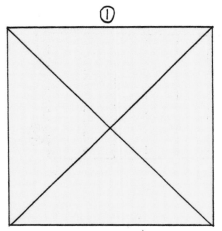

ⓐ 정사각형 종이를 준비한다.
ⓑ 대각선으로 반을 접었다 편다.
ⓒ 반대 방향 역시 대각선으로 반을 접었다 편다.

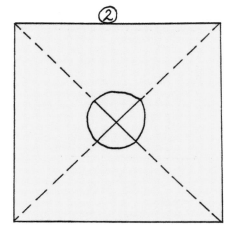

ⓓ 원 모양 본을 대고, 종이 중심에 원을 그린다.
ⓔ 그림의 점선 부분만 따라 오린다.

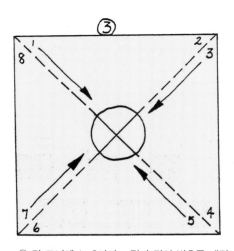

ⓕ 각 코너에 1~8까지 그림과 같이 번호를 매긴다.
ⓖ 1, 3, 5, 7번 모서리를 (눌러 접히지 않도록) 가운데로 모은다.

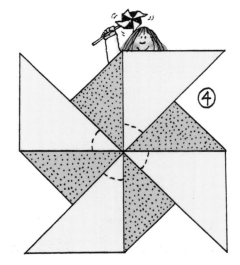

ⓗ 모은 모서리는 핀을 이용하여 가운데에 고정시키고 지우개 달린 연필 또는 수수깡에 꽂아준다.
⚠ 연필 끝이 날카로우면 위험해서 안 돼요!

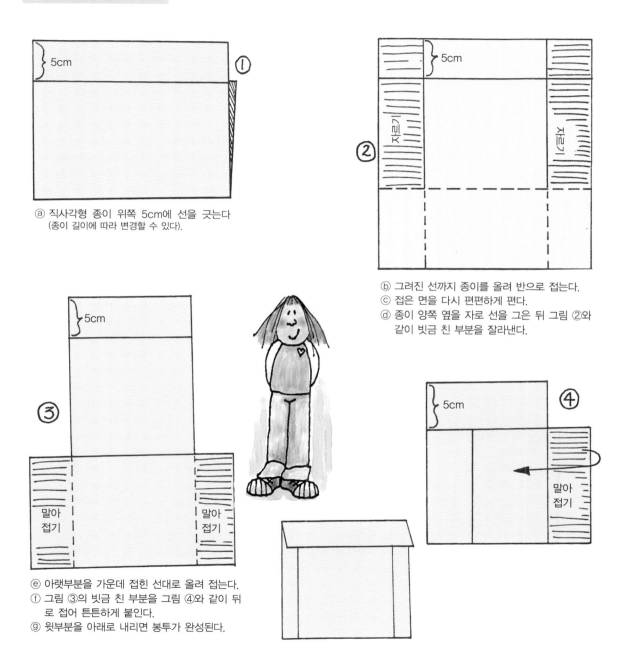

ⓐ 직사각형 종이 위쪽 5cm에 선을 긋는다
(종이 길이에 따라 변경할 수 있다).

ⓑ 그려진 선까지 종이를 올려 반으로 접는다.
ⓒ 접은 면을 다시 편편하게 편다.
ⓓ 종이 양쪽 옆을 자로 선을 그은 뒤 그림 ②와
같이 빗금 친 부분을 잘라낸다.

ⓔ 아랫부분을 가운데 접힌 선대로 올려 접는다.
ⓕ 그림 ③의 빗금 친 부분을 그림 ④와 같이 뒤
로 접어 튼튼하게 붙인다.
ⓖ 윗부분을 아래로 내리면 봉투가 완성된다.

①

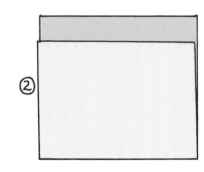

②

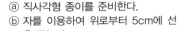

ⓐ 직사각형 종이를 준비한다.
ⓑ 자를 이용하여 위로부터 5cm에 선
   을 긋는다.
   (종이의 길이에 따라 다양하게 변경할
   수 있다.)
ⓒ 그린 선까지 종이를 올려 접는다.
ⓓ 위쪽 남은 부분도 아래로 접는다.
ⓔ 그림 ③의 빗금 친 부분처럼, 네 귀
   퉁이에 사선으로 선을 그은 후 잘
   라낸다.

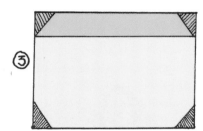

③

ⓕ 종이의 접은 면을 모두 펼쳐놓는다.
ⓖ 그림 ④의 빗금 친 위쪽 날개 부분
   을 잘라낸다.
ⓗ 아랫면에서 양쪽 옆면을 안으로 접
   는다.
ⓘ 아랫면을 위로 올려 접는다.
ⓙ 중간면의 양쪽 옆면을 아랫면이 감싸
   지도록 접어 풀로 붙여 고정시킨다.

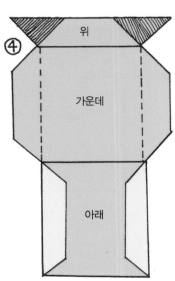

④
위
가운데
아래

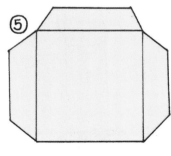

⑤

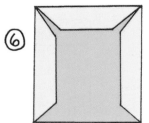

⑥

ⓚ 그림 ⑥과 같이 보이도록 봉투를 완
   성한다.

다양한 모빌 만들기

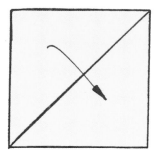

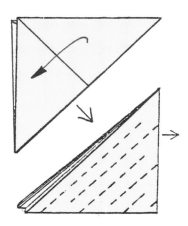

정사각형 종이를 대각선으로 두 번 접고 그림의 점선대로 오린 뒤 편다.

원 모양 종이를 절반씩 세 번 접고 그림의 점선대로 오린 뒤 펼친다.

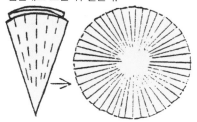

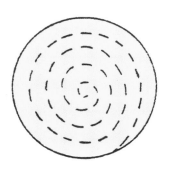

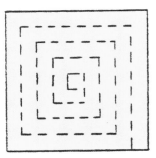

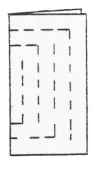

그림의 종이 모양 에 점선을 그리고 오린다.

직사각형 종이를 계단 접기로 세 번 접어 그림의 점선대로 오린 뒤 편다.

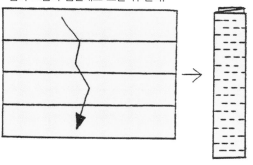

원을 세 번 접고 그림의 점선대 로 오린 뒤 편다.

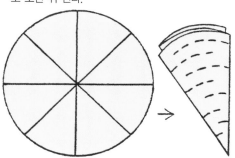

이것은 종이 감기와 같은 작업이다. 장신구나 다른 입체적인 장식품을 만들려면 두꺼운 도화지를 세로로 길게 잘라 사용한다. 마무리는 스테이플러나 접착제로 고정시킨다.

면을 이용한 구조물 만들기

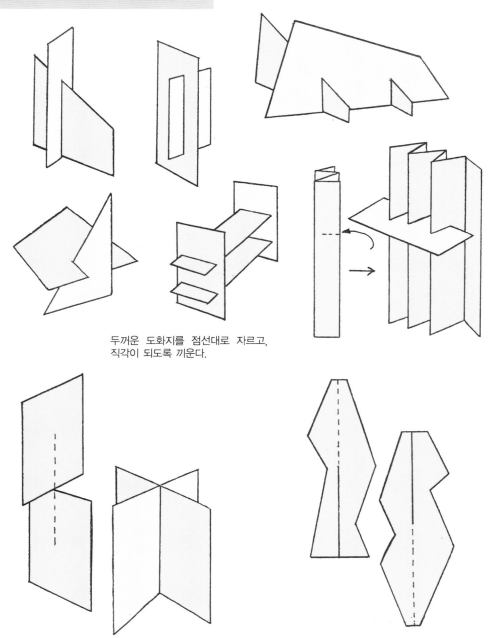

두꺼운 도화지를 점선대로 자르고,
직각이 되도록 끼운다.

● 벨트 만들기

플라스틱 빨대 4개와 털실 1타래로 빨대를 엮어 벨트를 만들어볼 수 있다.

ⓐ 2m 길이의 털실 4줄을 만들어 놓는다.
ⓑ 그림과 같이 빨대를 1cm 정도 크기로 잘라, 준비한 털실 한 가닥의 가운데까지 끼운다.

ⓒ 1cm를 자르고 남은 긴 빨대는 털실의 양 끝을 통과시켜 그림과 같이 가운데로 끼워준다.
실을 통과시킬 때 빨대를 빨아 실을 빼면 된다.

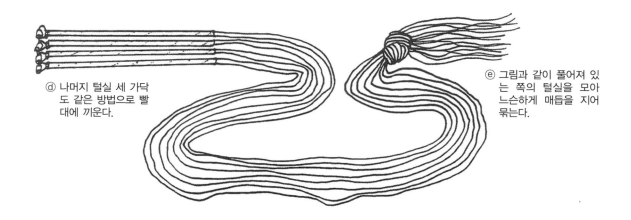

ⓓ 나머지 털실 세 가닥
도 같은 방법으로 빨
대에 끼운다.

ⓔ 그림과 같이 풀어져 있
는 쪽의 털실을 모아
느슨하게 매듭을 지어
묶는다.

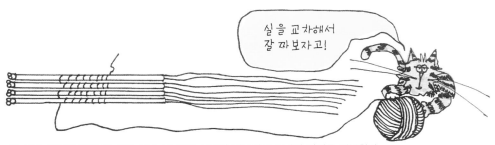

실을 교차해서
잘 짜보자고!

ⓕ 실의 처음을 빨대 한 개에 묶은 뒤 빨대 사이에 지그재그로 넣어 짜기를 반복한다.

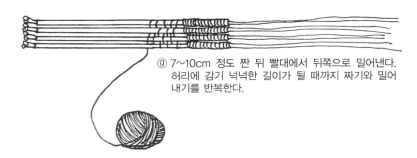

ⓖ 7~10cm 정도 짠 뒤 빨대에서 뒤쪽으로 밀어낸다. 허리에 감기 넉넉한 길이가 될 때까지 짜기와 밀어 내기를 반복한다.

ⓗ 묶지 않았던 쪽의 털실을 잘라 빨대를 모두 뺀다.
ⓘ 짠 벨트의 양끝을 그림처럼 단단히 묶은 뒤 20cm 정도의 여유분을 남겨놓고 나머지 털실을 잘라 완 성한다.

● 실 그림 그리기

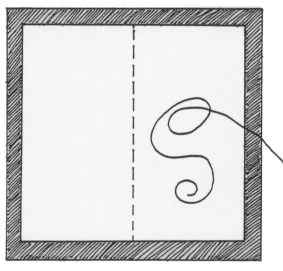

ⓐ 종이를 반으로 접는다.
ⓑ 실이나 줄을 물감이 담긴 그릇에 넣는다. 실은 20~30cm로 잘라 준비한다. 실의 끝을 쉽게 찾을 수 있도록 병 또는 그릇 밖으로 늘어뜨려 놓는다.
ⓒ 물감이 너무 많이 묻은 실은 손가락으로 눌러 짠다.
ⓓ 접은 종이의 한쪽 면에 실을 올려놓고 덮는다.
ⓔ 실의 한쪽 끝을 종이의 밖으로 빼놓는다.
ⓕ 접은 종이를 잡지나 신문 사이에 끼워놓는다.
ⓖ 오른손으로 실을 밖으로 잡아당기는 동안 왼손은 접은 종이 위를 눌러준다.
ⓗ 물감에 물을 너무 많이 섞으면 색이 분명하지 않기 때문에 실 그림의 효과를 살릴 수 없다. 먼저 다양한 재질의 표면을 가진 종이에 실험해보자.

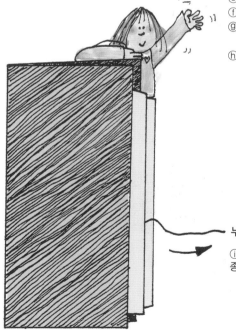

누르기

ⓘ 위의 방법대로 진행하는 것도 좋지만, 실을 당기는 것 대신에 종이를 눌러서 표현하는 방법도 가능하다.

그리기 기법의 Tip!

★ 유리 표면에는 템페라 물감

템페라 물감에 액상 세제 혹은 글리세린 몇 방울을 섞으면, 알루미늄 포일이나 유리컵 같은 광택이 있거나 미끄러운 재질의 표면에 쉽게 그림을 그릴 수 있다.

★ 유화물감을 부드럽게

일반 밀가루 풀과 안료(가루 물감)를 섞으면 얇고 부드러운 농도가 된다. 칠할 때는 뻣뻣한 붓을 사용한다.

★ 물감이 흘러내리지 않는 이젤 그림

유화 효과를 내면서 물감이 흘러내리지 않게 하려면 안료(가루 물감)에 물 대신 액체 풀을 넣어 사용하면 된다. 뻣뻣한 붓을 사용하고 반드시 물에 깨끗이 헹구어 보관해야 한다.

★ 유화물감을 내손으로

안료 2티스푼과 테라핀을 걸쭉한 반죽이 되도록 섞은 뒤 니스 3티스푼을 넣어 부드럽게 만든다. 니스를 많이 넣으면 더 큰 광택 효과를 얻을 수 있다. 안료를 많이 넣으면 광택은 적지만 더 부드럽게 쓸 수 있다. 이렇게 하면 판매되는 유화물감보다 저렴한 가격으로 양질의 물감을 얻을 수 있다.

★ 비누거품 그림

물감 2~3티스푼에 액상 비누 또는 세제 1티스푼을 섞으면 물감에 광택이 나며 윤기 있는 표면이 된다. 이 혼합물을 전동 거품기나 손으로 풍성한 거품이 생길 때까지 충분히 저어준다. 완성된 재료를 뻣뻣한 붓이나 나이프, 하드보드지, 자를 이용해 그림을 그린다.

★ 핑거페인팅 물감

풀 1/3컵에 가루비누 1/2컵을 넣고 거품기로 생크림처럼 부드러워질 때까지 젖는다. 이 혼합물을 플라스틱 용기에 담고, 포스터물감 또는 가루 물감을 첨가하면 원하는 색을 만들 수 있다. 밑그림을 그린 뒤 손가락을 이용해 원하는 부분에 여러 가지 색들을 칠하면 된다.

돌을 이용한 활동

★ 돌 문진 만들기

재료

재미있는 모양의 돌, 본드, 천 조각, 물감

진행 방법

1. 돌 위에 밑그림을 그린다. (작은 조약돌은 여러 개를 본드로 붙여 재미있게 표현한다.)

2. 수채화 물감을 사용할 경우에는 투명 라커를 돌에 뿌려준다.

3. 긁히는 것을 예방하기 위해 돌의 밑 부분에 천 조각을 붙여준다.

★ 돌 조각 그림

이 활동은 아동들이 질감, 윤곽, 모양을 인식하도록 돕는 창조적인 과정이다. 아동들이 돌을 예술적 장점이나 가치가 있는 새로운 대상으로 생각하게 해준다. 돌이 가진 자연미를 관찰하고, 어떤 그림이 어울릴지 신중하게 생각한다.

진행 방법

1. 돌이 가진 자연미를 관찰해본다.

2. 돌을 솔로 깨끗이 씻어 잘 말린다.

3. 어떤 물감도 사용 가능하다. (단, 수채화물감은 흰색 아크릴물감을 두 방울 정도 섞어 쓰는 것이 좋다.)

4. 포스터물감과 수채화물감은 액체 세제 몇 방울을 더하면 훨씬 쉽게 사용할 수 있다.

5. 선명한 색 그림을 오래 보전하려면 돌 표면을 미리 흰색 아크릴 물감으로 밑칠을 하면 된다.

6. 마르고 나면 유화물감, 아크릴물감, 수채화물감과 에나멜을 이용해 원하는 대로 그림을 그린다.

7. 완성된 그림을 영구적으로 보존하기 위해 투명 라커나 니스, 투명 매니큐어를 칠하거나 투명 스프레이를 뿌려준다.

★ 장식용 돌 압정

여러 가지 모양의 작은 돌들은 재미있는 장식용 예술품을 만들 수 있다. 돌의 표면에 물감이나 다양한 색의 마커로 그림을 그려 완성한다. 그림을 그린 돌 뒷면에 글루건을 이용해 압정을 붙이면 된다.

★ 벽걸이용 돌 장식품

테니스 공 크기 정도의 돌들을 모양별로 분류해 씻어 말려 놓는다. 헌 잡지에서 재미있는 그림들을 오려 활용할 수 있다. 가위로 원하는 그림을 자른다. 연재 만화의 카툰, 포장지와 종이가방에 그려진 이미지들은 다른 어떤 재료보다 훌륭하게 활용된다. 본드나 목공용 본드를 돌에 그림을 붙인다. 돌의 모서리를 갈아서 매끄럽게 다듬는다. 완성된 돌에 투명 라커를 여러 번 뿌려준다. 라커가 없다면 붓으로 니스칠을 하면 된다. 고정용 걸이는 뒷면에 본드나 글루건으로 고정시킨다. 돌에 나무나 목판 액자를 붙여 사용할 수도 있다.

핑거페인팅 · 핸드페인팅 Ⅰ

재료

핑거페인팅용 물감, 시트지 혹은 아스테이지(포장용 비닐), 스펀지, 투명 라커

진행 방법

1. 테이블 위에 시트지 혹은 아스테이지를 펴놓고 스펀지를 이용해 물을 적신다.
2. 물에 적시는 과정에서 생긴 주름과 공기방울을 제거한다. 표면이 고르지 않으면 핑거페인팅이 만족스럽게 나오지 않을 수도 있다.
3. 약 1티스푼 정도 핑거페인팅 물감을 시트지 위에 놓는다.
4. 손바닥이나 팔뚝 전체를 가지고 전체 표면에 물감을 고르게 펴 바른다.
5. 손과 팔의 움직임에 따라 다양한 모양과 무늬의 그림이 탄생된다. 손바닥의 옆 부분을 찍으면 길고 섬세한 나뭇잎 모양이 된다. 같은 자세에서 지그재그로 움직이면 또 다른 효과를 창조할 수 있다. 꼭 쥔 주먹, 펼친 손바닥, 손목 등을 사용해 여러 가지 움직임을 시도해본다. 손 외에도 빗, 골판지 등을 사용함으로써 다른 효과를 얻을 수도 있다.
6. 물감이 묻은 상태로 손을 다른 종이에 찍으면 재미있는 모양의 판화 효과를 볼 수 있다. 시간이 흐르면 핑거페인트가 끈적끈적해지면서 굳는데 이런 경우 물 몇 방울을 섞으면 된다.
7. 활동이 끝나면 핑거페인팅 작품 양쪽 모서리를 들어 올려 준비해둔 신문지 위에 올려놓는다.
8. 물감이 마르면 투명 라커를 뿌린다.

응용

핑거페인팅은 편물 상자, 포장지, 연필꽂이, 책 표지 등을 포함한 많은 종류의 아이템을 꾸미는 데 사용할 수 있다.

핑거페인팅·핸드페인팅 Ⅱ

재료

물풀 1컵, 물 6컵, 비누 조각 1/2컵, 가루 템페라 물감 혹은 가루 물감

핑거페인팅을 만드는 여러가지 방법

- 비누 조각을 덩어리가 남지 않을 때까지 물에 녹인다. 물풀을 비누 녹인 물에 잘 섞는다. 마지막으로 원하는 색이 될 때까지 가루 물감을 조금씩 더하면 된다.

- 찬물 혹은 미지근한 물에 밀가루 풀(혹은 벽지용 풀)을 넣고 부드러워질 때까지 섞는다. 마지막으로 가루 물감을 넣어 원하는 색을 만들면 된다.

- 쓰다 남은 분필 조각을 가루 내어 부드러운 농도의 풀에 더하면 저렴한 핑거페인트 물감을 만들 수 있다.

- 핑거페인트는 여러 제품이 있으나 다소 비싸다는 것이 흠이다. 아동들과 같이 만들어 쓰게 되면 저렴할 뿐만 아니라 또 하나의 재밌는 미술 놀이가 될 수 있다.

- 핑거페인팅은 선생님들에게 여러 가지로 다양하게 도움이 되는 미술 재료 중 하나이다. 아이들의 신체, 정서, 심리적인 면을 통합시킬 수 있는 창조적인 활동이면서 아이들에게 재미와 편안함을 제공하기 때문이다. 따라서 치료적인 효과도 있으면서 그림을 그리는 것이 목적이 아니라 손을 이용한 놀이에 집중하므로 아이들에게 기쁨과 만족을 줄 수 있다.

- 손바닥과 손날, 손가락 끝과 마디, 주먹, 손가락 끝, 손톱 등을 사용해 두드리고, 긁고, 문지르고, 섞는 과정은 신체가 만들어내는 자연적인 그림의 효과를 느끼게 해줌으로써 아이들에게 흥미로운 발견과 자극이 된다.

기하학적 디자인

1. 크기와 색이 다양한 기하학적 모양을 잘라 놓는다. 기하학적 모양을 제공할 때는 다양한 만큼 잘 분류되어 있어야 한다.
2. 다수의 기하학적 모양들이 서로 함께 어울려 그림으로 완성되도록 한다.
3. 여러 가지 배열을 시도해보고, 도화지 위에 배열된 모양들을 붙인다.

글자 콜레

콜레(colle)는 여러 가지 질감이 나는 예술적인 효과를 위해 신문 스크랩들을 캔버스에 붙였던 초기 입체주의자들이 고안한 기법이다.

1. 다양한 크기와 색의 글자들이 있는 여러 가지 매체(잡지, 신문, 책 등)를 모아둔다.
2. 모아둔 매체에서 원하는 글자를 자른다.
3. 자른 글자들을 마음대로 혼합하거나 배열해본다.
4. 도화지 혹은 캔버스 위에 배열해둔 글자를 붙인다.
5. 글자와 함께 그림이나 색을 추가해도 된다.

잡지 콜레

1. 여러 잡지에서 다양한 내용을 담을 수 있는 사진을 오린다.
2. 사진들을 서로 결합시켰을 때, 창조적인 장면이 될 수 있도록 생각한다.

3. 배경 종이 위에 자른 사진들을 배열한다.

4. 배열한 사진을 붙이고 창조적인 장면을 연출할 수 있는 그림이나 색을 추가해도 된다.

⚠ 사진 자체의 내용을 바꾸어서는 안 된다. 돼지를 오리고 싶다고 해서 돼지 인형이나 돼지고기를 사용할 순 없다.

종이테이프(마스킹테이프) 조형

접착성이 있는 종이테이프는 무엇을 붙이는 용도로만 사용될 수 있다고 생각하겠지만, 그것 자체로 입체적인 형태의 모형 만들기가 가능하다. 다음과 같은 방법으로 모형 만들기에 도전해볼 수 있다.

묶기	주름 잡기	엮기	말기	접기	바늘구멍 내기
자르기	술 달기	구멍 뚫기	선 긋기	꼬기	

이런 방법들을 사용하면 동물 또는 새의 재미있는 형상을 만들어볼 수 있다.

색종이 모자이크

1. 도화지 위에 흐린 연필로 밑그림을 그린다.

2. 그림에 따라 고른 색종이를 작게 가위나 손으로 자른다. 색별로 조각들을 분류해 놓으면 풀칠하기에 편하다.

3. 각각의 조각들에 풀칠을 하고 그림 위에 붙인다. 조각들 사이로 공간이 최대한 보이지 않아야 한다. 핀을 이용하면 쉽게 작은 조각들을 잡고 붙일 수 있다.

골판지

1. 색 마분지나 골판지 또는 두 가지 모두를 작은 조각으로 자른다.

2. 원하는 패턴으로 골판지의 조각 위에 이 조각들을 풀로 붙인다.

3. 잉크, 아크릴 물감, 크레파스로 색칠해 다양한 질감을 돋보이게 한다.

4. 골판지 표면에 얇게 칼집을 내어 종이를 벗겨내면 골 모양이 더 선명하게 드러나면서 좋은 효과를 낼 수 있다.

콜라주

콜라주(collage)는 콜레(colle)와 유사하지만 다양한 종류의 재료를 사용할 수 있다는 점이 다르다.

1. 다양한 매체들을 모아본다. 이전에 만들었던 자신의 작품도 좋은 재료가 된다. 종이, 구슬, 씨앗, 이쑤시개, 말린 꽃잎, 옷/천, 끈, 막대 등 효과를 내기 위해 조금만 모아도 된다.

2. 하드보드지 위에 풀 또는 본드를 바르고 생각해둔 배열이나 그림대로 붙인다.

3. 색칠 도구를 이용해 그림을 그리거나 색을 덧칠해도 된다.

그림으로 아이의 마음을 읽는 아트테라피

반죽을 이용한 여러 가지 점토 제조법

★ 소금과 옥수수 전분 점토

소금 1컵, 옥수수 전분 1/2컵, 물 3/4컵

준비한 재료를 냄비에 넣고 2분 정도 끓이면 작은 덩어리 모양이 생긴다. 기름종이 위에 이 덩어리들을 올려놓고 만지기 적당한 온도가 될 때까지 기다린다. 덩어리가 어느 정도 식으면 3분 정도 반죽한다. 다 만들어진 반죽은 사용하기 전까지 포일에 싸서 보관한다. 보관은 4~5일 정도 가능한데 사용하기 전에 꼭 다시 반죽해서 사용해야 한다. 만들어진 점토는 철사 등의 재료를 뼈대 위에 덧붙여 사용할 때도 매우 잘 붙는다.

★ 소금과 밀가루 점토

소금 1컵, 밀가루 1컵, 명반 가루 1티스푼

준비한 재료를 넣고 점성이 생길 정도의 농도가 될 때까지 물을 넣어 가며 함께 섞어준다.

★ 소금 구슬

소금 2컵, 밀가루 1컵

재료에 물을 넣고 잘 반죽한다. 가루 물감이나 식용 색소를 넣어 원하는 색을 만들 수도 있다. 반죽을 떼어내어 구슬 모양으로 만든다. 이쑤시개로 구멍을 뚫은 다음 잘 말리고, 실로 엮는다.

★ 톱밥과 밀가루 풀

톱밥 2 컵, 밀가루 풀 1 컵

밀가루 풀이 부드러운 크림 형태가 될 때까지 찬물을 부어 섞는다. 여기에 톱밥과 물을 더해 가며 반죽한다.

★ 소다와 옥수수 전분 조각

 옥수수 전분 1컵, 베이킹 소다 2컵, 물 1과 3/4컵

준비한 재료를 냄비에 넣고, 중간 불에서 계속 저어주며 끓인다. 반죽의 농도가 걸쭉하게 되었을 때, 불을 끄고 알루미늄 포일이나 빵 굽는 판 위에 올려놓는다. 반죽이 식으면 식용 색소를 첨가하여 색 점토로 만들 수 있다. 점토로 사용하지 않을 때에는 포일에 싸놓거나 지퍼백에 넣어 굳지 않게 보관한다.

★ 쿠키 점토

 밀가루 4컵, 소금 1컵, 물 1과1/2에서 3컵(원하는 농도에 따라 달라질 수 있다)

밀가루, 소금, 물을 섞어 반죽하고 얇게 펴서 원하는 장식물의 모양을 만든다. 얇게 만든 장식물들을 300도에서 약 40~60분 동안 굽거나, 250도에서 2시간 동안 굽는다. 다 구워지면 흰색으로 변하게 된다. 다른 색을 원한다면 반죽에 식용 색소를 넣는다. 갈색의 점토를 원하면 물 대신에 커피 물을 사용하면 된다. 다 구운 점토 표면에 달걀흰자를 바른다. 오븐에 넣어 5분 정도 더 구워주면 빵처럼 완성된다. 니스나 투명 라커 스프레이, 투명 매니큐어 등을 바르면 광택 나는 표면을 얻을 수 있다.

이 소금 구슬 목걸이를
목에 걸 수 있을까?
으~ 아니야!
보기만 해야지.

목걸이를 만들 수 있는 여러 가지 방법

★ 뼈다귀 모양의 장신구

닭이나 칠면조 등의 뼈로 장신구를 만들다 보면 생각지도 못했던 아름다움에 깜짝 놀라게 된다. 먼저 뼈들을 아주 깨끗하게 닦아놓는다. 16시간 정도 따뜻한 물에 담가두면 깨끗해진다. 뼈들을 모양에 따라 잘라서 사용해도 좋다. 단단하지 않은 뼈들은 생각보다 쉽게 구멍을 낼 수도 있다. 뼈 모양을 그대로 사용할 수도 있고, 투명 라커 스프레이를 뿌리거나, 아크릴 물감으로 그림을 그려 넣을 수도 있다. 구슬로 만들려면 닭 뼈를 0.5~1.5cm 정도로 자르고, 뼈의 가운데에 뚫려 있는 구멍(골수 부분)을 실로 꿰어 엮는다.

★ 씨앗들

호박, 멜론, 해바라기, 오이씨 등을 이용할 수 있다. 실로 엮기 전에, 바늘로 구멍을 뚫기 위해 씨앗들을 따뜻한 물에 담가놓는다. 만일 씨앗에 구멍을 내다가 두 쪽으로 쪼개어지면 바늘로 귀퉁이를 뚫어 구멍을 내면 된다. 씨앗을 엮을 때 유의할 점은 씨앗들은 마르면서 크기가 조금씩 줄어들기 때문에, 씨앗이 완전히 마를 때까지 끝을 묶지 않고 여유를 두어야 한다는 것이다.

★ 호두로 만든 구슬

쇠톱을 이용하여 호두 껍데기의 중간 부분을 약 0.5cm 정도가 되게 자른다. 호두 안에 들어 있는 알맹이 부분은 제거한다. 잘려진 부분은 샌드페이퍼(사포)로 문질러 부드럽게 만든다. 투명 라커를 뿌려준다. 작은 금속 링(연결고리)을 잘려진 호두 껍데기의 바깥쪽 표면에 붙인다. 가죽 끈을 금속 링에 끼워 서로를 연결하여 엮는다.

★ 플라스틱 병

라벨을 떼어낸 병을 깨끗하게 씻어서 잘 말려놓는다. 유리나 플라스틱 구슬, 스팽글, 단추와 같이 알록달록하게 보일 수 있는 것들로 병을 채운다. 쿠키 굽는 철판을 포일로 덮고, 그 위에 병을 거꾸로 세우거나 옆으로 눕힌다. 체인이나 끈에 매달 장식으로 만들려면, 클립이나 철사 고리를 병의 윗부분에 붙여야 한다. 그런 뒤 350도로 가열된 오븐에 넣는다.

약 6분 정도 시간이 지나 플라스틱이 완전히 녹으면 오븐에서 꺼낸다. 만약 더 크고 얇은 장식을 원한다면 10분 정도 더 구워도 된다. 녹은 플라스틱은 따뜻한 상태에서 구부리고 늘리거나 꼬는 과정을 통한 만들기가 가능하다. 뜨거운 플라스틱을 다룰 때에는 반드시 조심하도록 한다. 빨리 식히려면 플라스틱을 물에 담근다. 한 번 식힌 후에는 포일을 떼어내도 된다. 큰 바늘은 플라스틱에 구멍을 뚫을 때 사용할 수 있다. 펜치로 바늘을 잡고, 빨갛게 달아오를 때까지 촛불에 바늘 끝을 달군 뒤에, 바늘을 플라스틱에 밀어 넣는다. 장식물을 매달 때 금속성이 있는 실을 사용해도 좋다.

★ 빵 반죽

소금 1컵, 밀가루 2컵, 물 1컵

소금과 밀가루를 섞은 뒤 바로 물을 조금 붓는다. 반죽이 매끄럽고 점성이 있는 상태가 될 때까지 7~10분 정도 치대고 0.5cm 두께로 반죽을 밀어놓는다. 그런 다음 쿠키 자르는 칼이나 모양틀을 이용하여 모양을 만든다. 반죽 조각들을 물로 촉촉하게 적시면, 사람이나 동물 모양으로 만들어 붙일 수도 있다. 위쪽에 포크로 구멍을 뚫어 실이나 색 끈으로 엮는다. 연한 갈색으로 될 때까지 쿠키 굽는 철판에 350도로 굽거나 창가에서 48시간 동안 자연 건조시킨다. 식으면 습기로부터 보호하기 위해 니스를 바르거나 색칠을 한다.

동판화

재료

동판

모형 도구(너무 날카롭지 않는 도구로 준비: 금속 스크레치, 숟가락 , 연필 혹은 나무 막대)

연필과 종이, 신문이나 잡지, 헝겊

검은색 잉크(선택에 따라 쇠로 된 수세미나 투명 라커 준비)

진행 방법

1. 원하는 크기로 동판을 자른다. 동판의 테두리는 날카로우니 피부가 베이지 않도록 주의해야 한다.

2. 자른 동판과 같은 크기의 종이에 밑그림을 그린다.

3. 신문 뭉치나 헝겊 위에 동판을 올려놓는다.

4. 동판 위에 밑그림을 올려놓고 그림 선을 따라 눌러주듯이 그린다.

   동판에 밑그림이 완성되면 이번엔 강조하고 싶은 부분을 적당한 도구를 사용해 눌러준다. 동판의 외각에서 안쪽으로 그림을 눌러서 그려야 동판이 우그러지지 않는다.

5. 동판을 다시 딱딱한 곳에 올려놓고, 나머지 부분을 평평하게 정리한다.

6. 동판에 원하는 부분에 잉크 칠을 하면 양각, 음각 효과가 두드러진다.

포일 판화

포일 판화,
은근히 재미있는
활동이군!

재료

하드보드지, 목공용 본드, 가위, 알루미늄 포일, 검은색 잉크

진행 방법

1. 원하는 그림 모양을 하드보드지를 잘라 만든다.

2. 하드보드지 위에 자른 모양들을 올려놓고 목공용 본드를 사용해 붙인다.

3. 배열이 완성되면, 포일을 하드보드지보다 크게 자른다.

자른 포일을 작은 주름이 잡힐 정도로 살살 구겨준다. 너무 세게 구기면 찢어지거나 크기가 줄어들 수 있으므로 유의해야 한다.

4. 붓을 이용해 하드보드지 위에 목공용 본드를 전체적으로 꼼꼼히 바른다.

5. 본드 바른 하드보드지 표면 위에 포일을 덮고 부드럽게 눌러준다. 모양의 테두리가 선명해지도록 포일을 문질러 펴 바른다.

6. 잉크를 이용해 부각하고 싶은 모양에 칠한다. 포일 표면에 잉크 방울이 남지 않도록 헝겊 또는 종이로 문질러 준다. 잉크가 잘 스며들지 않을 때는 소량의 액상 비누나 세제를 사용하면 된다(매직 마커로 표면을 칠하면 형태가 또렷해진다. 검은색 잉크 대신 다른 색 잉크를 사용해도 된다. 잉크 대신 수채화 물감이나 포스터 물감을 사용해도 된다.).

7. 잉크가 어느 정도 마르면 헤어 스프레이나 투명 라커를 뿌리면 광택이 나면서 색이 정착된다. 뒷면에 천을 덧대면 멋있는 작품이 된다.

ㄱ	그래피티	벽이나 그 밖의 화면에 낙서처럼 긁거나 스프레이 페인트를 이용해 그리는 그림
ㄴ	니들포인트	바늘을 이용하여 캔버스 천의 올이나 망사 조직에 수를 놓는 자수법으로 십자수가 크로스로 자수를 한다면 니들포인트는 한쪽으로만 놓는 기법이다.
ㄷ	단조	망치질에 의한 금속 성형 기법
	도기	섭씨 800~1000도 정도로 토기보다 약간 높은 온도에서 구워 물이 스며들기는 하나 몸체가 비교적 단단한 그릇
ㄹ	로즈메일링	노르웨이풍의 가구·목제품 등의 장식 작품. 노르웨이 민족에 기원을 둔 꽃의 도안·모양·조각으로 장식
	로즈페인팅	장식 꽃 페인팅을 의미하는 것으로 꽃과 잎사귀 장식선과 무늬, 상상력의 예쁜 꽃 등 자연을 주제로 블랙, 블루, 레드, 화이트, 그린의 기본 색상으로서 세밀하고 사실적인 아름다움을 표현
	리넨	아마의 섬유로 짠 얇은 직물을 통틀어 이르는 말(여름 옷감·책상보·손수건 따위를 만드는 데 많이 쓰임)
ㅁ	마크라메	매듭끈이나 굵은 실을 이용해 기하학적인 무늬로 올이 성기게 짠 레이스 또는 술 장식 수공예. 레이스의 일종으로 트리밍, 백, 쿠션 등을 만든다.
ㅂ	바틱	납이나 수지를 이용하여 무늬 따위를 나타내는 염색법 또는 그런 염색
	방적	얽혀 있던 원료 덩어리에서 뽑아낸 섬유를 서로 꼬아 실로 빼내는 공정
	블레이디드	수건 표면처럼 실을 꼬아 만드는 방법
ㅅ	상감	소재의 표면을 새겨 그 부분에 상감 재료를 끼워 넣고 문양을 나타내는 기법
	석기	섭씨 1000도 이상 높은 온도에서 소성하여 표면색은 회청색으로 매우 단단하게 구운 자기
	스텐실	종이·금속판 등에서 무늬나 글자, 그림을 오려낸 후 그 구멍에 잉크나 물감을 발라 인쇄하는 기법
	스피닝	전동 모터에 의해 돌아가는 수평축 중심에 대상 재료 덩어리를 끼워 깎아내거나 금속판을 균형이 있는 형태로 올려가는 과정
	슬레이트	점판암 또는 점판암의 얇은 판
	실루엣	그림자, 옆모습, 윤곽만이 뚜렷한 물체의 영상

ㅅ	실크스크린	실크나 화학섬유의 천을 팽팽하게 하여 이를 스크린으로 이용한 인쇄 방법
ㅇ	아플리케	바탕 천 위에 다른 천이나 레이스, 가죽 따위를 여러 가지 모양으로 오려 붙이고 그 둘레를 실로 꿰매는 수예
	에나멜	금속기·도자기 등의 표면에 구워 올려 윤이 나게 하는 유리질의 유약
	에칭	산이 금속을 부식시키는 작용을 이용하여 동판에 그림을 그리는 기법, 또는 그것으로 된 인쇄물
	와이어	철사
	유리 불기	섭씨 1400도의 온도에서 녹은 유리를 쇠파이프에 말아 입김을 불어넣어 형태를 만드는 기법
ㅈ	자기	섭씨 1250~1400도 정도의 고온에서 구워 태토의 유리질화가 더욱 촉진되어 강도가 매우 높은 그릇
	주석	납이나 안티몬 따위가 함유되어 있는 합금으로 식기나 장식품 따위에 쓰인다.
	직조	수동 또는 전동 직기를 이용하여 두 가닥을 보통 직각으로 서로 교차하도록 엮어서 직물을 생산하는 공정
ㅋ	카딩	면사의 방적 공정 중 엉킨 섬유를 한 가닥씩 분리한 후 굵은 밧줄 모양의 섬유 다발로 만드는 일
	콜라주	화면에 인쇄물, 천, 쇠붙이, 나무조각, 모래, 나뭇잎 등 여러 가지를 붙여서 구성하는 회화 기법
	퀼링	여러 가지 색깔의 가는 종이 조각들로 그림이나 디자인을 만드는 기법
	퀼트	천을 조각 작업(퀼팅)한 후에 솜과 뒷감을 대고 도안대로 누비는 작업
ㅌ	태피스트리	여러 가지 색실로 그림을 짜넣은 직물. 벽걸이나 가리개 따위의 실내 장식품
	토기	점토질의 태토를 사용하여 섭씨 700~800도 정도에서 구운 그릇
ㅍ	패치워크	갖가지 색깔·모양의 헝겊 조각을 이어서 새로운 모양을 만들어내는 수예
	포슬린 페인팅	유약으로 처리된 백색 자기 표면에 특수 안료를 사용하여 그림을 그린 후, 가마에서 구워내는 작업
ㅎ	홀치기염	실로 천을 묶거나 바느질한 다음 염액에 담가서 그 부분은 염색이 되지 않도록 함으로써 무늬가 나타나도록 하는 방법